인생을 바꾸는 **40**일 기도 전략

기도의 원 그리기

Draw the Circle

The 40 Day Prayer Challenge

© 2012 by Mark Batterson
Originally published in English as *Draw the Circle* The 40 Day Prayer Challenge
by Zondervan, Nashville, TN, USA.

All rights reserved.

This Korean Edition Copyright© 2014 by Seoul Logos Co., Seoul, Republic of Korea.
Published by arrangement with The Zondervan Corporation L.L.C., a division of HarperCollins
Christian Publishing, Inc. through rMaeng2, Seoul, Republic of Korea.

이 책의 한국어판 저작권은 알맹2 에이전시를 통하여 Zondervan과 독점계약한 서울말씀사에 있습니다.
저작권법에 의해 한국 내에서 보호를 받는 저작물이므로 무단 전재와 무단 복제를 금합니다.

인생을 바꾸는 40일 기도 전략
기도의 원 그리기

초판 01쇄 발행 2014년 12월 01일
초판 16쇄 발행 2025년 02월 28일

지 은 이 마크 배터슨

펴 낸 곳 더드림

출판등록 제2016-000172호

주   소 서울시 영등포구 은행로 55, 5층
전   화 02) 846-9222
팩   스 02) 846-9225
발 행 처 서울말씀사

ISBN 978-89-8434-673-4 03230

* 책 값은 뒤표지에 있습니다.

더드림 THE DREAM은 서울말씀사의 도서브랜드입니다.

인생을 바꾸는 **40**일 기도 전략

기도의 원 그리기

Draw the Circle

The 40 Day
Prayer
Challenge

| 차 례 |

인생을 바꾸는 40일 기도 전략

머리말

Day 1　준비하라 _ 22

Day 2　기회를 만드는 하나님 _ 30

Day 3　놀라운 일들 _ 38

Day 4　하나님께 초점을 맞춰라 _ 46

Day 5　기록하라 _ 52

Day 6　대담한 기도 _ 60

Day 7　비옷을 장만하라 _ 66

Day 8　하나님의 아이디어 _ 74

Day 9　꿈 공장 _ 82

Day 10　미친 믿음 _ 90

인생을 바꾸는 40일 기도 전략

Day 11   일류 관찰자 _ 96

Day 12   씨를 뿌려라 _ 102

Day 13   하루는 _ 110

Day 14   산에게 명령하라 _ 118

Day 15   나를 위해 싸우소서 _ 124

Day 16   놀라게 하시는 하나님 _ 132

Day 17   지체하지 마소서 _ 138

Day 18   계속 돌아라 _ 144

Day 19   기념 제사 _ 152

Day 20   부르신 곳으로 가라 _ 158

인생을 바꾸는 40일 기도 전략

Day 21 발바닥으로 밟는 곳마다 _ 166

Day 22 양털 실험 _ 172

Day 23 아직 아니야 _ 180

Day 24 자신의 목소리를 찾아라 _ 188

Day 25 예언적 한 마디 _ 194

Day 26 잠시 게임 _ 202

Day 27 곱절의 축복 _ 210

Day 28 기도를 멈춰라 _ 218

Day 29 새로운 기도 _ 226

Day 30 내 안에 거하라 _ 234

인생을 바꾸는 40일 기도 전략

Day 31	구체적으로 아뢰라	_ 242
Day 32	간증이 필수다	_ 250
Day 33	기도 응원	_ 258
Day 34	남아 있는 자들	_ 266
Day 35	가장 긴 지렛대	_ 274
Day 36	후대에 전할 유산	_ 282
Day 37	기도 계약	_ 290
Day 38	망루에 올라가라	_ 298
Day 39	기룩힌 땅	_ 306
Day 40	기도를 배워라	_ 316

머리글

　이 책의 40일 기도 전략은 당신에게 큰 모험이 될 것이다. 아니, 앞으로의 40일간이 어쩌면 '인생역전'의 계기가 될지도 모른다. 하나님은 당신 안에서 선한 일을 시작하실 것이고 그 일을 끝까지 완수하실 것이다. 이제부터 벌어질 당신 인생의 기적들은 바로 오늘의 기도에서 비롯될 것이다. 또한 이 〈40일 기도〉 중에 일어난 변화들이 당신의 사후에도 계속해서 자자손손에게 축복이 되어 줄 것이다.

　지금까지의 열정보다 더한 열정으로 하나님께 기도한다면 지금까지 받았던 은혜보다 더한 은혜를 경험할 것이다. 그래서 언젠가는 지금의 시간들을 돌아보며 이때가 인생에서 최고의 40일이었다고 추억할 날이 올 것이다. 물론 쉽지는 않다. 어쩌면 가장 힘들고 버거운 날들이 될지도 모른다. 영적 공격이 오더라도 놀라거나 겁먹으면 안 된다. 기도의 끈을 단단히 부여잡고 계속해서 하나님 앞으로 나아가라. 그러면 그분의 새로운 역사를 보게 될 것이다. 파도가 밀려오는 것처럼 그것은 누구도 막을 수 없는 일이다.

그렇다고 〈40일 기도〉 자체에 마법의 힘이 숨어 있는 건 아니다. 하지만 40일 기도가 매우 성경적인 전략이라는 사실을 알아야 한다. 예수님이 광야에서 금식하며 기도하신 기간이 정확히 40일이었다. 또한 그 기간은 예수님 생애의 중요한 한 장이기도 했다. 육신적 아버지의 일을 하다가 하늘 아버지의 일로 옮겨가는 일대 전환점이 되는 시간이었다. 예수님은 광야에서 사상 유례가 없는 시험을 받으셨다. 이 경험은 그 후 원수들을 이기고 제압하는 그분의 위대한 승리의 무대가 되어 주었다. 죄와 사탄에 대한 승리는 갈보리 십자가 위에서 거두셨지만, 그 열쇠가 되는 전투는 이미 3년 전 광야에서 치르셨다고 말할 수 있다. 광야 시험을 마치고 갈릴리로 돌아오신 예수님은 이전과 다른 분이 되어 있었다. 당신도 마찬가지일 것이다. 이 40일간의 기도를 마치고 나면 예수님처럼 성령의 능력 안에서 전혀 새로운 사람이 될 것이라고 장담한다.

하나님이 당신에게 뭔가 새로운 일을 하시길 원한다면 당신도 예전의 일만을 되풀이해서는 안 된다. 7와는 다른 일을 해야 하다. 그렇게 할 때 하나님이 당신 안에서 새로운 가능성을 만들어내실 것이고 새로운 은사와 사람들을 보내주실 것이다. 하지만 그러기 위해서는 먼저 기도의 대가를 치러야 한다. 사람은 누구나 뿌린 만큼 거두는 법이다.

부흥의 비결

《기도의 원 그리기》는 앞선 책의 후속편이라고 말할 수 있다. 《써클 메이커 The Circle Maker》가 출간된 이후부터 수많은 사람들이 기도에 관한 간증을 들려주었고 그것이 내 믿음에 불을 붙여 주었다. 거의 날마다 날아오는 간증의 이야기들은 하나님께 박수갈채를 보내지 않을 수 없도록 은혜롭고 감동적이었다. 이 책은 그 간증들을 나눔으로써 소중한 의미를 지키고자하는 나만의 방식이라고 말할 수 있다. 또한 《써클 메이커》를 집필한 이후에도 기도에 관해 많은 것을 배웠기 때문에 그것들 역시 이 책에 담고 싶었다.

자, 그럼 《써클 메이커》에서 못다 한 이야기부터 시작하기로 하겠다.

로드니 집시 스미스Rodney Gypsy Smith는 1860년에 런던 변두리에서 태어났다. 한 번도 정규 교육을 받아본 적이 없는 그였지만 나중에 하버드대학에서 학생들을 가르치기도 했다. 또한 초라한 태생에도 불구하고 두 현직 미국 대통령의 초청을 받아 백악관을 방문한 적도 있었다. 집시는 마흔다섯 번이나 대서양을 횡단하며 수많은 사람들에게 복음을 전했고 그가 복음을 전할 때마다 사람들은 예수 그리스도를 자신의 구주로 영접했다.

하나님은 집시를 놀랍게 사용하셨다. 어디를 가든 그의 신발에는 부흥이 붙어 다니는 것만 같았다. 하지만 부흥을 가져오는 건 그의 설교가 아니었다. 설교가 사람의 마음을 움직일 지라도 하나님의 마음을 움직이는 건 기도다. 부흥은 바로 기도에서 비롯되는 것이다.

자신을 만나고 싶어 하는 사람들에게 집시는 부흥의 비결을 가르쳐 주었다. 그들은 집시처럼 놀라운 일을 하려면 어떻게 해야 하는지를 물었고 집시의 대답은 간단하고도 심오했다. 그때나 지금이나 그가 했던 충고는 큰 울림으로 다가온다.

"집으로 가셔서 방 안으로 들어가십시오. 방 중앙에 앉아서 분필로 당신 주변에 둥그렇게 원을 그리신 다음 무릎을 꿇고서 그 원 안에서부터 하나님의 부흥이 일어나도록 간절하게 기도하십시오."

기도를 시작하라

독자들에게 한 가지 고백할 것이 있다. 나는 기도에 관한 책을 썼고 개인기도도 열심히 하는 편이지만, 지난 15년간 우리 교회 교인들에게 한 번도 합력기도를 권한 적이 없었다. 하지만 올해는 그것을 바꿔 그로 인해 엄청난 변화가 뒤따라왔다.

우리 〈내셔널 커뮤니티 교회 National Community Church〉가 최초로

40일 작정기도를 마쳤을 때, 교인들은 물론이고 교회 분위기 자체가 완전히 바뀌는 것을 경험했다. 15년의 교회 역사상 그 해는 가장 놀라운 영적 성장의 해로 기록될 것이며 나 개인에게도 마찬가지였다. 지금의 나는 처음 기도를 시작할 때의 내가 아니다.

40일 작정기도회를 준비하던 초기에 우리는 역대하 7장 14절을 약속의 말씀으로 삼아서 날마다 오전 7시 14분에 기도하자는 전략을 세웠다. 나는 교인들에게 시간 자체가 중요한 게 아니라 우리가 동그라미 친 약속의 말씀을 날마다 상기하는 게 중요하다고 말했다.

> "내 이름으로 일컫는 내 백성이 그들의 악한 길에서 떠나 스스로 낮추고 기도하여 내 얼굴을 찾으면 내가 하늘에서 듣고 그들의 죄를 사하고 그들의 땅을 고칠지라" 대하 7:14

40일 작정기도회가 시작되는 첫 날, 나는 잠에서 깨자마자 즉시 침대 옆에 무릎을 꿇고 기도를 드렸다. 이런 행동은 기도회 마지막 날까지 40일 동안 변함없이 이어졌다. 사실은 앞으로 죽는 날까지 이 일을 멈추지 않을 생각이다. 독자들이여, 제발 이 한마디를 명심하기 바란다. 40일 작정기도는 40일 동안에 원하는 것을 얻어내자는 게 아니다. 기도를 하는 목적은 당신이 원하는 걸 하나님이 이뤄주시는 게 아니라 하나님이 원하시는 것이 무엇인지, 하나님의 뜻이 무엇인지를 알아내는 것이다.

우리는 보통 ASAP as soon as possible 기도를 좋아한다. 가능한 빨리 기도가 응답되기를 바란다. 하지만 우리는 ALAT as long as it takes 기도를 해야 한다. 그래서 얼마가 걸리든 그 기간동안 충분히 기도해야 한다. 40일 기도의 목적 중 하나는 기도 습관이 몸에 배게 하는 것이다. 그래서 41일째에도, 57일째에도, 101일째에도, 365일째에도 여전히 기도하는 사람이 되는 것이다.

기도 전략

누구와 같이 기도를 하는 것이 좋을까?

교회 전체가 공식기도회를 계획해서 함께 기도하거나 소그룹 모임을 기도모임으로 만드는 것이 바람직하다. 또는 가족이나 친구들끼리 한 자리에 모여서 기도를 해도 좋다. 가급적 혼자 기도하는 것보다 다른 사람들과 함께 기도하기를 권한다.

무엇에 동그라미를 치고 기도해야 할까?

기도를 시작할 때 동그라미를 칠 것이 없더라도 실망하지 마라. 기도에 대한 가장 큰 오해는 우리가 무언가를 하나님께 아뢰어 그분의 '할 일 목록'을 만들어드리겠다는 생각이다. 기도의 진정한 목적은 하나님 앞에 나아가서 그분이 우리에게 주시는 '할 일 목록'을 받는 것이다. 여기서 한 가지 충고를 하자면, 무엇을 위해 기도해야 할지를 기도해 보라. 그러면 하나님이 성경말씀이나, 문제점이나,

사람을 떠오르게 하실 것이다. 그때 하나님이 기도하라고 하신 것에 원을 그리고 지구가 태양을 돌듯이 꾸준하게 기도를 드리면 된다.

때로는 기도를 한 번 하고서 그 내용을 완전히 잊어버릴 때가 있다. 그런 경우에는 하나님이 응답하셔도 제대로 감사를 드리지 못한다. 자신이 무엇을 위해 기도했는지를 모르는데 어떻게 감사하겠는가? 그러므로 40일 기도를 하는 동안 일기 쓰기를 권한다. 당신이 기도한 내용과 하나님이 응답하신 것을 기록으로 남겨 보라.

우리 교회의 40일 기도회 동안 교인들은 각자 자신의 기도제목에 원을 그리며 열심히 기도했다. 그 결과 믿음을 떠난 탕자가 오랜만에 하나님께 돌아왔고, 깨어진 부부관계가 회복되었으며 실업자에게 구직의 기회가 열렸고, 재정적인 문제가 뜻밖의 방법으로 해결되는 것을 목격하게 되었다. 그런 놀라운 역사들이 날마다 일어났을 뿐 아니라 심지어 병 고침의 기적을 체험한 사람들도 있었다.

언제 기도해야 하는가?

기도는 언제든 시작할 수 있다. 다만 시작일을 정하는 것만큼이나 마치는 날을 정하는 것도 중요하다. 한 해를 마무리하는 연말이나 새해를 기념해서 40일 작정기도를 하는 것도 좋은 방법이다. 우리 교회에서는 사순절을 부활절로 가는 영적 순례의 시작으로 여긴다. 나는 지난해에 사순절을 '엑스페리렌트ExperiLent' 실험과 사순절을 결합한 신조어-譯註라고 이름 붙인 후 40일 기도회 동안 하나의 약속을 붙들고 기도할 때 어떤 일이 일어나는지를 실험해 보았다. 과연 하나님은 자신이 한 약속을 신실하게 지켜 주셨다. 이 책의 Day 34를 보면 그에 대한 간증을 읽을 수 있다. 또한 생일이나 휴일을 이용해도 좋다. 나의 서른다섯 번째 생일에 끝났던 40일 금식기도는 내 인생의 전환점이 되어 주었다. 나는 그 날을 자체 마감일로 정해 놓고 첫 번째 책을 집필했다.

어디에서 기도해야 하는가?

기도할 시간과 장소를 정해서 하나님과 만날 약속을 하는 것은 중요한 일이다. 도움이 된다면 달력에 표시를 하거나 시계의 알람을 맞추어 놓으라. 가급적 하루의 첫 순간은 하나님께 드리기를 권한다. 나의 경우, 기도로 하루를 시작하면 그날 전체가 기도가 되는 것만 같다. 아침에 하나님의 주파수에 다이얼을 맞추고 하루 종일 그분의 작고 미세한 음성에 귀를 기울여 보라.

아울러 여럿이 모여서 하는 합력기도를 추천한다. 기도와 찬양의 밤을 시작으로 날마다 모여 기도하라. 우리 교회에서는 주말 오전 7시 14분마다 기도모임을 가졌었다. 그런 모임이 기도의 상승작용을 일으켰을 뿐 아니라 나의 개인 기도에도 책임감과 힘을 보태주었다.

기도에 대해 배우라

1952년에 프린스턴 대학원에서 박사과정을 밟던 어떤 학생이 알베르트 아인슈타인에게 이런 질문을 던졌다고 한다.

"어떤 논문이 더 필요합니까?"

그때 아인슈타인 박사가 했던 대답이 걸작이었다.

"기도에 대해 알아보게나."

그렇다. 바로 그것이 관건이다. 기도에 대해 알아보고 배우라.

이 책을 읽는 독자들 역시 기도에 대해 새로운 것들을 깨닫게 되길 소망한다. 그 깨달음은 당신의 기도생활을 바꿀 것이고 기도생활이 바뀌면 모든 것이 바뀌게 될 것이다.

20세기 후반에 미국에서 가장 크게 신앙적 영향력을 끼친 사람이라면 단연 CCC_{Campus Crusade for Christ}를 창립한 빌 브라이트_{Bill Bright} 박사를 꼽을 수 있다. 그는 대학 캠퍼스와 선교지들을 다니며 전도와 제자훈련에 힘을 쏟았고 자신이 창립한 단체와 집필한 저서

들을 통해 수많은 사람들에게 감동과 교훈을 준 사람이었다.

그런 그도 1994년에 미국 부흥을 위한 40일 금식기도를 작정했는데 기도를 마친 뒤에는 완전히 다른 사람이 되었다고 한다. 그의 믿음은 강화되었고 강력한 하나님의 임재를 느꼈으며 그의 생각과 마음과 영혼에서 성경의 진리가 튀어나왔다. 훗날 빌 브라이트 박사는 당시를 회고하며 "그때가 내 인생에서 가장 중요한 40일이었습니다"라고 말했다.[주1]

나는 당신에게도 같은 일이 일어날 것이라고 장담한다.

자, 이제부터 기도의 원을 그려 보라!

---

1. 빌 브라이트, "성공적인 금식과 기도를 위한 기본 7단계", www.cru.org/training-and-growth/devotional-life/7-steps-to-fasting/index.htm (2012년 7월 2일 접속).

인생을 바꾸는 **40**일 기도 전략

기도의 원 그리기

Draw the Circle

The 40 Day Prayer Challenge

인생을 바꾸는 **40**일 기도 전략

Day 1
준비하라

"하나님께 항상 기도하더니"
(행 10:2)

이 한 마디의 문장이 고넬료에 대해 내가 알아야 할 모든 것을 말해주고 있었다. 그는 하나님께 항상 기도하는 사람이었다. 그러나 언제, 어디에서, 어떻게 기도했는지는 성경에 나와 있지 않다. 아침에 기도했는지, 저녁에 기도했는지도 알 수 없다. 무엇을 기도했고, 어떤 자세로 기도했는지도 모른다. 그저 항상 기도했다는 이야기만 있을 뿐이다. 우리가 하나님께 지속해서 기도하면 이례적인 일이 지속하여 일어나게 된다. 하나님이 언제, 어디에서, 어떻게 우리 삶에 역사하실지는 몰라도 그분이 '초자연적 우연의 일치'를 지휘하고 주관하는 분인 걸 알기에 언제나 거룩한 기대감을 안고 살아갈 수 있다.

　체스보드의 말들을 노련하게 옮겨 놓는 체스 고수마냥 하나님은 언제나 우리를 준비시키고 그분이 마련한 기회의 자리로 인도해 주신다. 기도는 바로 그런 행로를 분별하게 해 주는 지름길이다. 하나님의 계획은 하나님 앞에 나아갈 때에만 알 수 있다. 그분 앞에 기도를 드릴 때에야 비로소 행진 명령을 들을 수 있다. 다만 그분 앞에 두 손 모을 때에는, 있는지도 몰랐던 길을 통해서 상상도 못한 곳으로 인도될 가능성이 있다는 걸 염두에 두어야 한다.

　인류 역사를 선과 악의 체스 경기라고 가정한다면 사도행전 10장이야말로 절묘한 '신의 한 수'라고 말할 수 있다. 거기에는 한 사람의 기도가 어떻게 경기를 좌우하는지 드러나 있고, 두 사람이 기도할 때 어떤 일이 일어나는 지가 밝혀져 있으며, 기도의 능력이 원수를 격파해서 승리를 보장한다는 사실이 입증되어 있다.

　그럼 이제부터 상세한 경기 실황을 하나하나 살펴보도록 하자.

　가이사랴에 사는 고넬료라는 사람이 기도를 하다가 환상을 보게 되었다. 그런데 같은 시각에 욥바에 있던 베드로 기도를 하다가 환상을 보았다. 그 두 개의 환상이 하나님의 섭리 아래 맞부딪치면서 인류 역사의 궤도에 획기적인 변화가 일어났다. 그때까지만 해도 예수의 도는 유대교에서 갈라져 나온 하나의 종파 취급을 당하고 있었다. 그런데 로마군대 백부장이었던 고넬료가 예수 그리스도를 영접하면서 복음의 문이 이방인에게도 개방된 것이다. 그가 구원받지 못했다면 우리도 구원받지 못했을 것이다. 아니, 선택의 여지조차 없었을 것이다. 따라서 당신이 예수님을 따르는 이방인이라면 믿음의 족보가 바로 이 사람에게서 시작된다는 걸 알아야 한다. 고넬료가 예수님을 믿는 순간에 구원의 문은 이방인들을 향해 활짝 열렸다. 하지만 그 시작은 두 사람의 기도에서 비롯된 것이다. 그들의 기도는 이후 2천 년을 내려오며 무수한 응답을 받았다. 사실은 당신이 예수님을 믿은 것도 그 응답의 하나인 셈이다.

자, 이제 몇 가지 확실한 사실들을 나열해 보자. 고넬료와 베드로는 전에 한 번도 만난 적이 없는 사람들이다. 단 한 번도 만난 적이 없었다. 또한 두 사람은 지리적으로도 전혀 다른 장소에 있었다. 두 지역 간의 거리는 50km 정도였는데, 오늘날로 치면 별로 멀지 않은 거리처럼 생각되지만 당시 1세기 사람들의 활동 반경은 태어난 고장에서 평생 50km를 벗어나지 못하는 게 보통이었다. 또 한 가지 중요한 사실은 두 사람의 민족적 배경이 다르다는 것이다. 로마군인과 유대인 사도는 절대로 서로 어울리는 법이 없었다. 사실 베드로가 고넬료의 집에 들어간 자체가 유대교 경전의 율법을 어긴 것이나 마찬가지였다. 그 집의 대문을 넘은 것은 루비콘 강을 건넌 것과 같았다. 베드로는 자신이 고수하던 모든 것을 내려놓았고 자신이 이룬 업적에 흠이 갈 것을 감수했다. 고넬료 집으로 들어가는 문지방은 〈나니아 연대기〉에 나오는 옷장, 혹은 〈이상한 나라의 앨리스〉의 토끼굴이라고 할 수 있었다. 나는 그 문을 '누구든지' 문이라고 부르고 싶다. 베드로가 고넬료의 집안에 들어갔을 때 말 그대로 '누구든지 들어오세요'의 세상이 열렸고 그 대상에는 우리 모두가 포함되어 있다 계 22:17.

준비하라

미국의 국회의원이 나를 만나자고 청하는 건 결코 자주 있는 일이 아니었기 때문에 처음에는 무슨 일인지 궁금했고, 그다음에는 약간 불안해졌다. 몇 해 전 겨울, 눈이 많이 쌓인 '스노우마겟돈' 2010년 2월 미 동부지역에 90년 만에 내린 최대의 폭설로 비상사태를 선포하고 연방정부가 부분폐쇄된 것을 빗대어 눈이 가져온 대재앙이란 뜻으로 Snow와 Armageddon의 단어를 합쳐 스노우마겟돈 Snowmageddon이라고 표현했다 때에 우리 아이들을 데리고 몰래 국회의사당에서 썰매를 탄 일이 있는데 설마 그것이 미합중국 수사망에 걸렸을 리는 없을 테고, 대체 짐 Jim이 무슨 일로 나를 보자고 하는 것일까? 알고 보니 그는 임기 첫해에 읽었던 나의 책 《화려한 영성 (미션월드 역간)》에 감동받았다는 말을 전하고 싶었던 것이었다.

얼마 후, 짐과 나는 에벤에셀우리 교회가 운영하는 커피전문점에서 만나 라떼를 마시며 담소를 나누었고 그러는 중에 그의 이야기를 들을 수 있었다. 한순간에 고위관리로 승진한 다니엘과 달리 그는 수많은 우여곡절 끝에 정계에 입문하게 되었다고 한다. 그 출발은 2007년 어느 날에 성령이 '준비하라'는 음성을 그의 내면에 조용히 들려주시던 순간이었다. 그는 즉각 "준비하라니, 무얼 말입니까?"라고 물었다. 당시에 그는 국내에서 가장 큰 기독교 캠프들을 운영하면서 주말마다 설교하고 있었다. 그 일에 전적으로 만족하고 있는 상황에서 성령은 계속 '준비하라'는 말씀을 반복하셨다고 한다.

몇 달 뒤에 그는 우연히 자신의 지역구에서 당선된 여성 국회의원의 기사를 신문에서 읽게 되었다. 소문은 그녀가 주지사 선거에 출마할 예정이라 했고, 그렇게 되면 그 지역 국회의원 자리는 공석이 되는 것이었다. 그때 성령이 그에게 '바로 이것이다'라고 말씀하셨다.

짐은 본래 정치인 기질을 타고난 사람이 아니었다. 심지어 자신의 선거구가 정확히 어디까지인지도 알지 못했다. 어느 날 그가 인터넷 검색을 하고 있을 때 아내가 들어오더니 무엇을 하느냐고 물었다. 그는 자신의 주에 대한 통계들을 검색하고 있다고 대꾸했다. 그러자 아내가 불쑥 이런 질문을 던졌다. "당신, 국회의원에 출마할 거죠?" 그때까지 짐은 그런 이야기는커녕 내색조차 해 본 일이 없었다. 그런데도 아내가 그런 말을 했다. 그가 국회의원에 출마하는 것은 기러기를 쫓는 것만큼이나 막막한 일이었다. 그에게는 정치적 배경도, 인맥도, 자금도, 아무것도 없었다. 당선이 유력한 1위 후보가 혹시라도 낙마하는 일이 벌어진다면 모를까 그건 어림도 없는 일이었다. 그런데 선거를 몇 개월 앞두고 정말로 그와 같은 일이 벌어졌다. 그 결과 짐 랭크포드Jim Lankford는 오클라호마 5선거구를 대표하는 국회의원으로 당선되었다.

예전의 켈트 그리스도인들은 성령을 지칭하는 매우 흥미로운 이름을 갖고 있었다. 그들은 성령을 '앤겟글라스'라고 불렀는데 그 의미는 '기러기'이다. 성령의 인도를 따라가는 삶이야말로 '기러기를 쫓아가는' 삶이 아니고 무엇이겠는가? 성령이 이끄시는 대로 쫓아가다 보면 누구를 만날지, 어디로 갈지, 무엇을 할지 알 수가 없다. 다만 한 가지 확실한 사실은 절대로 따분한 삶이 되지 않을 거라는 점이다.

대화를 나누는 중에 랭크포드 의원은 필자의 또 다른 책인《써클메이커》도 읽어 보았다고 말했다. 그러면서 자신도 그 책의 내용을 실천에 옮겼다고 했다. 만일 당신이 미국의 국회가 열리는 기간에 아무 날 아침이나 의사당 건물을 방문한다면, 캠프 운영자에서 국회의원으로 변신한 한 남자가 5층에 원을 그어놓고 자신의 선거구 주민들과, 동료들과 나라를 위해 기도하는 모습을 보게 될 것이다.

기도의 일상화

기도가 일상이 된 사람의 생활은 보통 사람과 다르다. 뜻밖의 장소에 가고, 뜻밖의 일을 하고, 뜻밖의 사람을 만날 가능성이 높아진다. 굳이 기회를 얻으려고 노심초사할 필요도 없다. 하나님을 구하고 찾으면 기회가 당신을 찾아온다.

나는 현재 워싱턴 D.C.의 도심에서 살고 있다. 알다시피 이곳은 누구를 아느냐가 중요한 곳이다. 무엇을 아느냐보다 누구를 아느냐가 훨씬 더 중요하다. 그것은 하나님의 자녀들에게도 마찬가지다. 누구를 아느냐, 즉 하나님 아버지를 아느냐는 무엇을 아느냐에 비해 이루 말할 수 없이 중요한 문제다.

사람을 만나는 일에 전전긍긍하지 말라. 하나님을 만나면 하나님이 적절한 때에 적절한 사람을 만나게 해 주신다. 이 세상에 하나님이 모르는 사람은 아무도 없다. 그래서 우리는 한 다리만 건너면 다 아는 사람이다. 하나님이 애굽의 바로 왕 마음을 바꾸셨다면 당신을 도와서 누구에게든 호감을 얻게 하실 것이다. 하나님께 인맥과 승진의 책임을 지워드리라. 물론 승진 시험을 보지 말라거나 명함을 돌리지 말라는 이야기가 아니다. 먼저 하나님의 나라와 그분의 의를 구하라는 말이다. 당신은 하나님의 뜻을 하나님의 방식대로 이행해야 한다.

모세가 자기 손으로 문제를 해결하겠다고 애굽 사람을 쳐 죽였던 사건을 기억하는가?^출 2:12 당시에는 그것이 하나님의 계획을 앞당기는 것으로 생각했지만 실제로는 하나님의 계획을 40년이나 늦추는 결과를 낳고 말았다. 이스라엘 백성의 짐을 덜어 주려 했던 것이 결과적으로는 견딜 수 없는 짐을 더 지워 주는 꼴이 되고 만 것이다. 우리가 하나님의 일을 대신 하려고 할 때 바로 그런 일이 일어난다. 그리고 그 결과는 참혹할 뿐이다. 일을 더 빨리 진척시키려 했던 것이 오히려 일을 더 느리게 만들고, 일을 더 쉽게 하려고 했던 것이 일을 더 힘들게 만든다.

당신 스스로 기적을 일으키려고 하지 마라.
당신 스스로 자기 기도에 응답하려고 하지 마라.
하나님을 위해 그분이 할 일을 대신 하려고 하지 마라.
항상 겸허하게 참고 기다리며 초점을 잃지 마라.
계속해서 기도하라.

오늘의 기도 전략
우리가 하나님께 지속적으로 기도하면
이례적인 일이 지속적으로 일어나게 된다.

Day 2
기회를 만드는 하나님

"사람이 마음으로 자기의 길을 계획할지라도
그의 걸음을 인도하시는 이는 여호와시니라"
(잠 16:9)

당신은 지금 자리에 가만히 앉아 있는 것 같지만 실상은 그렇지 않다. 시속 1,600km로 자전하는 지구라는 행성 위에 앉아 있는 것이다. 시계가 돌아가듯 지구도 24시간 동안 한 바퀴를 돌아간다. 더 놀라운 건 지구라는 행성이 태양 주위를 시속 10만 7천 km의 속도로 돌고 있다는 사실이다. 혹시 전혀 한 일도 없이 하루가 그냥 지나간 것처럼 느껴지는 날이 있다면 그날 하루 시속 250만km의 속력으로 우주를 여행했다는 사실을 기억하기 바란다.

자, 여기서 한 가지 물음에 답해 보자. 창조주 하나님이 행성들의 궤도를 제대로 유지하실지 걱정되어 잠을 설쳐본 적이 있는가?

한밤중에 무릎을 꿇고서 "주님, 이 지구가 자전하게 해 주셔서 감사합니다. 오늘 하루 지구가 한 바퀴를 돌았는지 검증할 수는 없지만, 주님이 분명 그렇게 하셨을 것이라고 믿습니다"라고 기도해 본 적이 있는가? 장담컨대, 한 번도 없었을 것이다.

우리는 하나님이 행성들의 궤도를 지키실 능력이 있는지에 대해 의심하지 않는다. 그러면서 하나님이 우리 삶의 궤도를 지킬 수 있다는 사실에 대해서는 좀처럼 믿으려고 하지 않는다. 자, 대체 무엇이 더 어려울지를 생각해 보라. 행성들의 궤도를 유지하는 것과 우리의 발걸음을 인도하는 것 중에서 어떤 것이 더 어렵겠는가? 사실상 우리는 큰일에 대해서는 하나님을 신뢰한다. 그러나 우리에게 필요한 것은 작은 일에 대해 하나님을 신뢰하는 일이다. 말하자면 암을 고치는 일이나, 빚을 청산하는 일이나, 임신하게 만드는 일이나, 배필을 찾는 일 같은 작은 일에서 그분을 신뢰해야 한다는 뜻이다. 그렇다고 이런 일들이 사소하다는 의미가 아니다. 우리에게 그것은 태산같이 큰일이다. 하지만 기도는 태산을 모래성으로 만들 수 있다.

하나님은 위대하셔서 어떤 일도 그분에게는 큰일이 아니다. 또한 그분은 위대하셔서 어떤 일도 작다고 무시하지 않으신다. 전능한 하나님은 우리 삶의 자잘한 것 하나까지도 일일이 챙기고 보살펴 주신다.

우리가 하는 모든 순종의 행위는 그것이 아무리 작은 것이라도 하나님 아버지를 뿌듯하고 자랑스럽게 만든다. 비록 겨자씨처럼 적은 믿음이라도 우리가 하는 모든 믿음의 행위는 하나님 아버지의 얼굴에 웃음이 피어나게 한다. 비록 우리 눈에는 하찮아 보여도 우리가 하는 모든 희생은 좋은 결과를 가져온다.

첫걸음마를 떼는 아이를 뿌듯한 마음으로 지켜보는 부모처럼 하나님은 우리가 떼는 모든 걸음마를 기뻐하신다. 그래서 믿음의 작은 발걸음을 거대한 도약으로 바꿔게 하신다.

하나님이 주신 기회

내게는 기도 때마다 빼놓지 않고 드리는 몇 개의 기도제목들이 있다. 너무 자주 간구하다 보니 아예 '기도 주문'이라고 부르기도 한다. 그중 하나는 내가 쓴 책들을 꼭 필요한 사람이 꼭 필요한 순간에 읽게 해 달라는 것이다. 나는 이 기도를 수천 번은 드렸을 것이고 하나님은 극적인 방법으로 수없이 그 기도에 응답해 주셨다. 꼭 필요한 순간에 꼭 필요한 책을 읽은 사람들은 부부관계가 좋아지고, 실수를 피해가고, 올바른 결정을 내리고, 씨를 뿌리고, 꿈을 꾸고, 문제를 해결하고, 기도에 전념하게 된다. 내가 책을 쓰는 이유가 바로 그 때문이다. 그래서 내게는 책 한 권 팔리는 게 단순한 책 판매가 아니라 기도에 대한 하나의 응답인 셈이다. 나는 이 책을 읽는 독자가 누구며 어떤 상황에 있는지 알지 못해도 하나님은 아신다. 중요한 건 그것이다.

언젠가 피터라는 사람에게서 이메일을 받은 적이 있다. 그는 라스베가스로 가는 비행기 안에서 《마크 배터슨의 극복(두란노 역간)》을 읽었다고 했다. 목적지까지 반쯤 날아갔을 때 1장을 다 읽고 나니 양심의 찔림을 받았는데 특히, 다음의 대목이 그의 마음을 사로잡았다고 한다.

"하나님은 우리를 꼭 필요한 때에 꼭 필요한 곳에 있게 하는 전략적인 일을 하고 계시다. 하지만 우리 주변에 널린 그런 기회들을 보고 붙잡는 것은 우리의 몫이다"

얼마 후, 피닉스행 비행기로 갈아타고서 새로운 좌석에 앉은 피터는 옆자리에 앉은 여학생에게 인사를 건넸다. 그러나 그녀는 퉁명스런 표정으로 힐끗 쳐다보다가 고개를 돌려버렸다. 마치 "나에게 말 걸지 마세요. 그리고 이 좌석 팔걸이는 내 거예요!"라고 말하는 것 같았다. 더는 그녀를 귀찮게 하거나 불쾌하게 하고 싶은 생각은 없었지만, 이상하게 뭔가 잘못되었다는 느낌을 지울 수가 없었다. 자존심을 버리고 두려움과 맞서서 기회를 붙잡아야 한다고 생각한 그는 마침내 여학생을 바라보며 다시 말을 걸었다.

"내가 참견할 일이 아니라는 건 알지만, 왠지 학생의 마음이 무거워 보이네요. 혹시 낯선 사람에게라도 털어놓고 싶은 이야기가 있다면 내가 열심히 들어줄게요."

열일곱 살의 그 여학생은 자신이 임신 3개월째이고 지금 집에서 도망쳐 나오는 길이라는 사실을 솔직히 그에게 이야기했다. 그녀의 남자 친구가 '네가 알아서 하라'고 말했다는 것이었다. 그녀는 아침에 아버지의 신용카드를 훔쳐서 라스베가스행 비행기 표를 끊었고 그곳에 가서 낙태할 계획이라고 털어놓았다. 피터는 그녀에게 위로와 격려의 말을 해 주었다. 얼마 후, 비행기가 라스베가스에 도착할 때쯤에는 그녀를 설득해서 걱정하고 있는 부모에게 전화를 걸게 하는 데 성공했고 전화를 받은 부모는 다음 비행기를 타고서 집으로 돌아오라고 간곡히 딸을 타일렀다.

분명히 그 날 적어도 한 사람 어쩌면 두 사람은 구원을 받았을 것이라고 믿는다. 그건 자신의 좌석 배치를 하나님의 뜻이라고 믿은 한 남자로 인해 비롯된 일이다. 기도 가운데 믿음의 행동을 하게 되면 전능한 주님은 한 방으로 원수의 계획을 무산시켜 버리신다.

이메일 마지막에 피터는 그 책을 집필해 주어 고맙다는 인사를 잊지 않았다. 아울러 덧붙이기를, "이게 1장을 읽고 나서 생겨난 결과입니다. 그러니 2장을 읽게 되면 또 어떤 일이 일어날지 궁금해서 견딜 수가 없습니다"라고 말했다. 나도 그렇다. 다만 한 가지 확실한 것은 하나님이 언제나 예비된 만남으로 인도하신다는 사실이다. 오직 하나님만이 그런 만남을 예비하실 수 있다. 하지만 그 만남의 기회를 붙잡는 것은 오직 당신에게 달린 일이다. 하나님이 주시는 기회들을 알아채고 붙잡는 것이 당신이 해야 할 일이다.

인도자

내가 성경책에서 여러 차례 동그라미를 친 구절 중의 하나가 잠언 16장 9절이다.

> "사람이 마음으로 자기의 길을 계획할지라도 그의 걸음을 인도하시는 이는 여호와시니라"

하나님은 그분이 원하는 곳으로 우리가 가는 것보다, 그곳으로 우리를 직접 데려가고 싶어 하신다. 우리를 데려가는 일이라면 하나님이 전문가다. 우리가 할 일은 그저 성경의 말씀과 성령의 인도하심을 따라가는 것뿐이다.

우리는 '예비된 만남'을 설정하지 못한다. 다만 그 만남을 지킬 뿐이다.

우리는 하나님이 부여하시는 기회를 계획하지 못한다. 다만 그 기회를 붙잡을 뿐이다.

우리는 기적을 행하지 못한다. 다만 기적을 위해 기도할 뿐이다.

우리가 할 일은 하나님의 음성을 듣는 것이고 하나님이 할 일은 우리의 발걸음을 인도하는 것이다. 우리가 우리의 할 일을 하면 하나님도 그분이 할 일을 하신다.

잠언 16장 9절에서 '인도하다'라는 의미의 '쿤'이라는 헬라어는 '결정하다, 준비하다, 공급하다, 배치하다, 지도하다, 확고히 정하다, 확실히 하다'라는 뜻으로도 해석할 수 있다. 이를테면 세부적인 일 하나하나까지 꼼꼼히 챙기고 계획하는 세심함을 뜻하는 것이다. 또한 '쿤'은 과거의 경험을 구속해서 재활용하여 미래의 기회로 만드는 하나님의 능력을 찬양하는 구속적 단어이자, 하나님이 모든 것을 다스린다는 사실에 자신감을 갖게 하는 위로의 말이며, 하나님의 수완과 솜씨를 말해주는 창조적 단어이기도 하다.

하나님은 작곡가이고 당신의 삶은 그분의 악보다.
하나님은 화가이고 당신의 삶은 그분의 캔버스다.
하나님은 건축가이고 당신의 삶은 그분의 설계도다.
하나님은 작가이고 당신의 삶은 그분의 책이다.

오늘의 기도 전략

하나님은 위대하셔서 어떤 일도 그분에게는 큰 일이 아니며 하나님은 위대하셔서 어떤 일도 작다고 무시하지 않으신다.

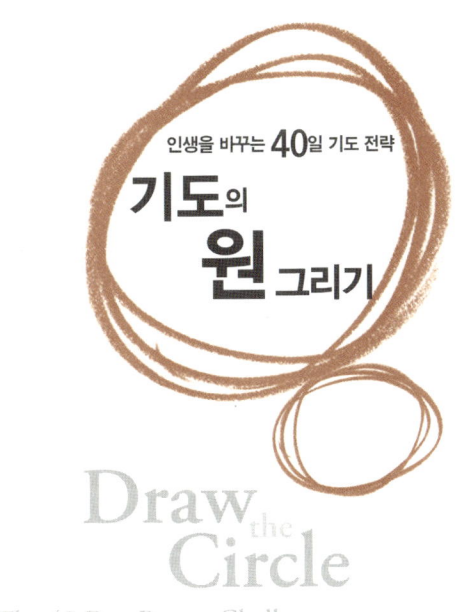

Draw the Circle
The 40 Day Prayer Challenge

인생을 바꾸는 **40**일 기도 전략

Day 3

놀라운 일들

> "너희는 자신을 성결하게 하라 여호와께서 내일 너희 가운데에 기이한 일들을 행하시리라"
> (수 3:5)

100여 년 전, 영국의 한 부흥회 강사가 무디에게 했던 한마디 충고는 무디의 전 생애를 바꿔 놓았고 시대를 넘어 지금의 우리에게도 큰 울림을 전해주고 있다. "전적으로 하나님께 헌신된 사람이 있다면 그 사람 안에서, 그 사람을 위해서, 그 사람을 통해서, 그 사람에 의해서 하나님이 어떤 일을 하실지를 세상은 보게 될 것입니다."[2]

---

2. William R. Moody, The Life of Dwight L. Moody (New York: Revell, 1900), 134쪽에서 인용. Mark Fackler, Christianity Today(1990년 1월 1일), www.ctlibrary.com/ch/1990/issue25/2510.html (2012년 6월 6일 접속)

당신이라고 그러지 말라는 법이 어디 있겠는가?

우리는 누구나 하나님을 위해서 뭔가 대단한 일을 하고 싶어 한다. 하지만 그건 우리가 할 일이 아니라 하나님이 하실 일이다. 우리는 그저 자기 자신을 성결케 해서 그분의 뜻에 우리의 뜻을 순복하기만 하면 된다. 그렇게 우리가 할 일을 하면 하나님은 그분이 하실 일을 하신다. 그리스도인이 자신을 성결하게 바칠 때 놀라운 일이 일어난다. 아니, 일어날 수밖에 없다. 성결함은 언제나 놀라운 결말을 가져오게 되어 있다.

이스라엘 백성이 요단 강 동쪽 강변에 진을 치고 있을 때 하나님이 "너희는 자신을 성결케 하라"고 명령하셨다. 그들이 그 명령에 순종하자 하나님은 약속대로 그들을 구원하셨다. 요단 강을 갈라지게 해서 이스라엘 백성이 마른 땅을 건너가도록 만드신 것이다. 우리는 그런 방법보다는 배나 다리를 만들어 건너기를 좋아한다. 하나님이 우리를 위해 일하시게 하기보다 하나님을 위해 우리가 일하는 걸 선호한다는 뜻이다. 신앙이란 양방향 도로다. 모든 게 우리에게 달린 것처럼 열심히 노력하는 한편, 모든 게 하나님께 달린 것처럼 열심히 그분께 기도해야 한다. 그것이 바로 성결케 한다는 의미다. 우리 스스로 할 수 없는 일을 하나님이 하시도록 맡겨드릴 때 하나님이 모든 영광을 취하실 수 있다.

또한 성결케 한다는 의미는 예수 그리스도의 주권에 전폭적으로 순복한다는 것이다. 즉, 우리의 시간, 재능, 재물을 포함해 모든 것을 하나님께 이양하는 철저한 권리 포기를 뜻한다. 아무것도, 심지어 자기 자신조차 자기에게 속한 것이 아님을 인정하는 것이다. 하지만 그에 대한 보상은 믿기 어려울 만큼 엄청나다. 우리의 모든 죄는 그리스도의 계좌로 이체되고 그분의 모든 의로움이 우리 계좌로 이체된다. 하나님은 우리의 빚을 탕감하시고 그분의 유언장에 우리 이름을 올려서 유산까지 상속해 주신다.

'성결케 한다'는 말은 '구별하다, 특별한 목적을 지정해 두다, 완전하게 하나님께 바치다'라는 의미다.

성결의 기준은 하나님의 아들 예수 그리스도다. 그분은 자신의 모든 것을 갈보리에서 내어주셨고 그 대가로 아무것도 바라지 않으셨다. 예수님이 그분의 십자가를 지셨다면 우리도 당연히 우리의 십자가를 지어야 한다. 그분의 죽음은 우리의 생명을 요구한다.

게이트 D8

우리 교회National Community Church에서 40일 작정기도회를 하는 동안 교인들은 아침마다 교회 카페에서 기도모임을 가졌다. 정확히 오전 7시 14분이 되면 우리는 모두 무릎을 꿇고 기도를 시작했다.

그런 규칙적인 행동은 어느새 우리의 후천적 기질로 굳어졌다. 오랫동안 밥을 먹지 않으면 배가 고파 견딜 수 없는 것처럼 오랫동안 기도를 안 하면 견딜 수가 없다. 먹는 것과 자는 것처럼 기도는 이제 거의 본능적인 일이 되어 버렸다.

어느 날은 아침 일찍 클리블랜드행 비행기를 타느라 교회 기도 모임에 참석할 수 없었다. 그런데 비행기에서 내리는 시간이 정확히 기도 시간이었다. 그 시간이면 당연히 우리 교회 카페에서 무릎을 꿇고 기도하고 있었겠지만 그 날은 공항을 빠져나가고 있었다. 그런데 그때, 내가 서 있는 공항의 그 장소에서 무릎을 꿇고 기도하라는 성령의 지시가 느껴졌다. 하지만 솔직히 내 안에서는 반발심이 일어났다. 나는 즉각 "주님, 저는 지금 클리블랜드 공항 한복판에 있습니다"라고 말했다. 그러자 주님이 "네가 어디 있는지는 나도 잘 알고 있다. 게이트 D8 앞에 서 있지"라고 응수하셨다. 처음에 나는 기도를 하지 않으려고 온갖 그럴듯한 이유를 머릿속에 떠올렸다.

"주변 사람들에게 광신도 같은 부정적인 인상을 심어주고 싶지 않아. 짐 찾는 곳으로 걸어가면서도 얼마든지 기도할 수 있잖아. 잠시 후에 호텔에 도착했을 때 그때 무릎 꿇고 기도하면 되지."

물론 틀린 생각은 아니었지만 중요한 건 그게 아니었다. 시간과 장소와 상황을 불문하고 주님의 뜻에 무조건 순종하는지를 시험하고 계셨다. 만일 내가 이 시험을 통과하지 못한다면 하나님이 나를 더 크게 사용하실 가능성을 제한하는 셈이 될 터였다. 나는 내가 사람들의 눈을 의식하는 것보다 하나님의 눈을 더 의식한다는 사실을 증명해 보여드리고 싶었다. 언제 어디서나 나는 그분께 속한 사람임을 입증해드리고 싶었다. 하나님이 작은 일에 나를 신뢰하실 수 있다면 그분은 분명 큰일에도 나를 사용하실 것임이 틀림없었다. 나는 좌우를 살핀 뒤에 결국 게이트 D8 앞에 무릎을 꿇고 앉았다. 그것은 성결의 목적지로 가는 길고 긴 여정의 작은 첫발자국이었다. 그 날, 게이트 D8 앞에서 내 이기심의 한 조각이 떨어져 나갔다.

나중에 이 이야기를 우리 교인들에게 들려주자 교인들이 놀라운 반응을 보이기 시작했다. 혹시 플래시몹많은 사람이 한 곳에 모여 약속된 행동을 한 뒤 흩어지는 것-譯註이라는 걸 들어보았는가? 우리 교회는 순식간에 닐링몹무릎을 꿇는 집단 kneeling mob-譯註이 되었다. 교인들이 엘리베이터 안에서, 교실 안에서, 은행 안에서, 법정 안에서 무릎을 꿇고 기도했다는 이야기가 속속 들려왔다. 하지만 아무때나 여기저기서 기도한다는 게 중요한 게 아니었다. 성령의 지시를 따라서 기도한다는 사실이 중요했다. 즉, 언제 어디서나 하나님 앞에 무릎을 꿇고 기도할 용의가 있느냐는 것이 관건이다.

거부권

성결해진다는 것은 더 이상 내가 지배하려 하지 않음을 의미한다. 하나님께 거부권을 드리는 것이다. 그분의 말씀이면 그것으로 끝난 것이다. 성경의 말씀이건 성령의 말씀이건 마찬가지다. 성결한 사람은 하나님께 내 뜻만을 이뤄달라고 이기적으로 요구하지 않는다. 오직 그분의 목적이 이루어져서 그분의 영광만이 드러나게 해 달라고 간구한다.

성결함은 자아의 죽음이다.

혹시 나 자신을 더 바치면 내가 더 없어질까 봐 두려운가? 실상은 그 반대다. 자아가 죽기 전까지 우리는 살아날 수 없다. 더 많은 것을 하나님께 바칠수록 우리는 더 많이 가지게 되고 더 큰 사람이 된다. 생명을 잃을 때에만 진정으로 생명을 찾을 수 있다.

기도는 마치 두 친구가 커피 잔을 앞에 놓고 수다를 떠는 것처럼 하나님과의 가벼운 대화가 되기도 하고, 십자가 처형을 앞에 놓고 겟세마네 동산에서 기도하셨던 예수님처럼 심각한 중보기도가 될 때도 있다. 당시 예수님의 기도는 얼마나 간절했는지 말 그대로 핏방울이 땀처럼 흘러내렸다고 한다. 이 땅에서의 최대 시련을 앞에 둔 상황에서 예수님은 밤을 새워 기도하셨다. 그리고 세 번이나 자신을 헌신하는 기도를 하셨다.

"내 아버지여 만일 할 만하시거든 이 잔을 내게서 지나가게 하옵소서. 그러나 나의 원대로 마시옵고 아버지의 원대로 하옵소서" 마 26:39

성결케 하는 것은 끝없는 순종의 과정이다. 그리고 그 과정의 촉매제가 바로 기도다. 보통 우리가 드리는 최초의 기도는 영접 기도다. 구세주를 영접하는 순간에 우리는 그동안의 죄를 주님께 고백하고 자신의 삶을 그분의 주권에 맡긴다. 그다음에는 신앙생활을 하면서 여러 번의 결정적인 기도 순간을 맞게 될 것이고, 그때에는 자신만의 겟세마네 동산에서 하나님께 헌신과 성결의 기도를 드릴 것이다.

조나단 에드워즈 Jonathan Edwards는 '진노하시는 하나님의 손 안에 있는 죄인'이라는 설교를 통해 미국 최초의 부흥운동에 불길을 댕긴 사람으로 알려졌다. 에드워즈는 매사추세츠 주의 노샘프턴에서 목회를 했고 프린스턴 대학의 총장으로 재직했다. 그의 자손 중에 목회자와 선교사가 300여 명, 대학교수가 120명, 작가가 60명, 판사가 30명, 대학 총장이 14명, 국회의원이 3명, 부통령이 1명 배출되었다고 하니 정말로 놀랍고도 대단한 집안이 아닐 수 없다. 이런 훌륭한 유산의 뿌리는 영성 깊은 집안이 으레 그렇듯이 누군가 자신을 성결케 했던 순간으로 거슬러 올라간다.

1723년 1월 12일에 조나단 에드워즈도 자신을 하나님께 바치겠다는 엄숙한 서약을 했다. 그것은 하나님 앞에 자신을 성결케 하겠다는 굳센 다짐이었다.

나는 하나님께 진심 어린 헌신을 다짐하며 그것을 여기에 기록한다. 나 자신을 하나님께 드리고, 내가 가진 모든 것을 하나님께 바치겠다. 나의 미래도 결코 나의 것이 아니다. 나는 어떤 면에서든 그분 앞에 아무 권한도 없는 사람으로 살겠다. 오직 하나님만을 내 행복의 전부로 삼을 것이며 그 외의 다른 것들은 무엇이든 나의 행복으로 삼지 않을 것을 엄숙히 선서한다. 주3)

---

3. Edward Hickman, ed., The Works of Jonathan Edwards (London: William Ball, 1839), 1:56.

오늘의 기도 전략 — 우리 자신을 더 많이 하나님께 올려드릴수록 하나님도 자신을 우리에게 더 많이 내어 주신다.

인생을 바꾸는 **40**일 기도 전략

Day 4

하나님께 초점을 맞춰라

> "그에게 하나님이 하시는 일을
> 나타내고자 하심이라"
> (요 9:3)

10년 전 쯤 일이다. 나와 친하던 존과 트리샤 틸러 부부는 부모로서 가장 끔찍한 상황을 직면해야 했다. 어느 날 트리샤는 방에서 혼자 놀고 있던 세 살배기 아들 엘라이가 너무 조용한 것이 수상쩍어 아들의 방으로 들어가 보았다. 하지만 아들의 모습은 보이지 않았고 책상이 제자리에 놓여 있지 않은 것이 눈에 들어왔다. 책상은 2층의 아들 방 창문 밑으로 옮겨져 있었고 창문의 방충망이 떨어져 나가고 없었다. 순간, 트리샤의 가슴이 철렁 내려앉았다. 그리고 그 불길함은 이내 현실이 되어 나타났다. 얼른 창문으로 달려가 아래를 내려다보니 4m 아래 마당에 엘라이가 누워 있었다.

급히 병원으로 후송된 엘라이는 중환자실에서 3주 동안 생사를 넘나들며 치료를 받았다. 다행히 기적적으로 목숨은 건졌지만 심각한 뇌 손상은 피할 수 없었다. 오른쪽으로는 주변 시야를 볼 수 없었고 몸의 왼쪽은 신경과 근육 발달이 거의 이루어지지 않았다. 말도 심하게 더듬었으며 다리를 절었다. 그래도 현재 12살이 된 엘라이 틸러는 여느 아이 못지않게 밝고 명랑하고 씩씩하게 자라고 있다. 최근에는 우리 교회에서 특송을 불렀는데, 지켜보는 교인 중에 눈물짓지 않는 사람이 없을 만큼 감동적이었다.

존과 트리샤 부부는 아들의 목숨을 살려 주신 하나님께 셀 수 없이 감사를 드렸지만, 완전한 치료를 간구하는 기도에는 응답을 받지 못했다. 그 사고로 인해 존은 불신과의 투쟁을 벌여야 했다.

저는 하나님께 이렇게 묻기 시작했습니다. '왜죠, 하나님? 왜 우리 어린 아들이 창문에서 떨어져야만 한 거죠?'

'왜 우리 어린 아들이 창문에서 떨어져야만 하는가? 왜 우리 아이인가? 왜 나인가?'에 대한 대답을 얻기 위해 성경을 읽어 보았습니다. 알고 보니 '왜죠, 하나님?'이라는 질문은 결코 나만 했던 질문이 아니더군요.

요한복음 9장에 보면 예수님이 맹인으로 태어난 남자를 만나시는 장면이 나온다. 사람들은 그가 죄로 인해 눈이 멀었다고 생각했다. 그래서 예수님께 "이 사람이 맹인으로 태어난 것이 이 사람의 죄 때문입니까 아니면 부모의 죄 때문입니까?"라고 물었다. 하지만 예수님은 그 누구의 죄도 아니라고 대답하셨다. 사람들은 집안에 내려오는 저주나 불신이 그 원인이라고 생각했지만, 예수님은 진짜 원인을 밝혀서 잘못된 오해를 바로잡아 주셨다. "그에게서 하나님이 하시는 일을 나타내고자 하심이라."

엘라이가 사고를 당한 뒤부터 우리 부부는 아들을 고치기 위해 할 수 있는 모든 것을 다 해 보았습니다. 보험 적용이 안 되는 의료 기기를 사려고 어마어마한 돈을 썼고, 사고 후 3년 동안 트리샤와 엘라이는 말 그대로 깨어있는 시간의 80%를 치료에 매달렸습니다. 우리 부부는 아들이 완전히 나을 것이라는 믿음이 있었습니다. 그래서 더욱 기도하며 기다렸고 계속해서 기다렸습니다. 언젠가는 사람들 앞에 서서 '자, 주님이 어떤 일을 하셨는지 보십시오! 우리 아들을 완전하게 고쳐주셨습니다'라고 간증하는 날이 오리라고 생각했습니다. 하지만 그런 일은 일어나지 않았습니다.

3년간 아들을 위해 갖은 노력을 다했지만 결국 우리는 아들의 상태를 받아들이고 장애와 함께 살 수밖에 없다는 것을 깨달았습니다. 그 장애는 우리 힘으로 제거할 수 있는 게 아니었습니다. 하나님이 엘라이를 완전히 고쳐주실 의향도 아니라는 게 분명했습니다. 그래서 우리는 낡은 각본을 불태우고 하나님이 새 각본으로 어떤 일을 하실지 지켜보기로 했습니다. 그렇게 지난 5년 동안을 아들의 장애와 함께 살아왔습니다. 물론 그렇다고 해서 제가 아들을 위해 기도하기를 멈춘 것은 아닙니다. 여느 아버지와 마찬가지로 저도 제 아들이 나을 수 있다면 오른팔이라도 잘라 주었을 것입니다. 그러나 저는 좌절하고 분노하는 대신에 하나님이 무엇을 하실지를 보기로 했습니다.

시련이 닥칠 때 우리는 그 상황을 벗어나게 해 달라고 기도한다. 하지만 그 기도는 어려운 상황을 잘 견디고 극복하게 해 달라는 기도로 바뀔 때가 많다. 그렇다고 구원의 기도를 하지 말라는 이야기가 아니라 때에 따라서는 극복의 기도를 할 필요가 있다는 뜻이다. 하나님께 견딜 힘과 흔들리지 않는 용기를 달라고 기도하고 계속해서 앞으로 나아갈 수 있는 의지를 달라고 간구하라.

문제에 초점을 맞춘 기도와 하나님께 초점을 맞춘 기도

문제에 초점을 맞춘 기도와 하나님께 초점을 맞춘 기도는 큰 차이가 있다.

힘들고 복잡한 상황을 탈출하는 데 급급하다 보면 그런 상황을 통한 성장의 기회를 놓쳐버릴 수 있다. 벗어나기에만 골몰하면 얻어내기에 실패한다. 그 결과 하나님이 가르치시려는 교훈이나 인격 함양의 기회를 놓치고 만다. 현재 상황을 변화시켜 달라고 하나님께 매달리느라 자기 자신을 변화시키는 데에 무심해지면 안 된다. 자칫하면 십 년, 혹은 이십 년의 경험을 쌓지 못하고 1년의 경험을 열 번, 혹은 스무 번씩 되풀이할 수 있다.

물론 '벗어나게 해 주세요'라는 기도를 해야 할 때가 있다. 하지만 '견디게 해 주세요'라는 기도를 해야 할 때도 있다. 문제는 언제, 어떤 기도를 해야 할지 분별력이 필요하다는 것이다.

사실 툭 터놓고 이야기하자면 우리가 드리는 기도 대부분은 하나님의 영광이 아니라 우리 자신의 안락과 행복이 주목적이다. 우리는 문제를 기도로 해결하려고 한다. 하지만 그런 근시안적 기도는 하나님의 완벽한 계획을 차단한다. 어떤 시기, 어떤 상황에서는 그저 기도하며 견디고 인내할 필요가 있다.

나의 기도 적중 타율도 다른 사람의 그것과 하등 나을 바가 없다. 기도해도 태반이 응답을 받지 못하지만 그래도 나는 기도의 타격을 멈추지 않는다. 내가 원하는 기도 응답이 없을 때에도 상식을 초월하는 마음의 평강을 느끼곤 한다. 그 이유는 하나님이 내 기도를 들으셨기 때문이다. 기도는 들으셨지만 응답은 '안 돼'인 것이다. 나는 '그래'라는 응답만이 아니라 '안 돼'라는 응답을 주실 때에도 하나님을 찬양하는 법을 배웠다. 하나님이 '안 돼'라고 하신 이유는 내가 잘못된 것을 욕심냈거나, 잘못된 동기에서 간구했거나, 시기가 적절하지 않아서일 뿐이다. 언젠가는 하나님이 응답하신 것뿐 아니라 응답하시지 않은 것에 대해서도 감사할 날이 올 것이다. 그분에게는 언제나 더 좋은 해답이 있기 때문이다. 우리를 가장 편하고 안락하게 하는 것이 최고의 응답인 경우는 거의 없다. 최고의 응답은 언제나 하나님께 최고의 영광을 올려드리는 것이다.

우리의 기도가 상황을 변화시킬 수 있을까? 물론이다. 그러나 상황이 변하지 않을 때에는 하나님이 우리를 변화시키기 원해서 그럴 수 있음을 기억하라. 기도의 일차적인 목적은 상황이 변하는 게 아니라 우리 자신이 변화되는 것이다. 하지만 어느 경우, 어느 상황에서든 주된 목적은 늘 하나님을 영화롭게 해 드리는 것이다.

오늘의 기도 전략

하나님은 우리를 문제에서 구해 주실 때도 있지만, 문제를 통과하게 하실 때도 있다.

인생을 바꾸는 **40**일 기도 전략

Day 5

기록하라

"이 묵시를 기록하여"
(합 2:2)

나는 격언과 속담을 자주 애용하는 버릇이 있어서 몇 가지는 우리 교역자들이 아예 달달 외울 정도인데 그중 하나가 이것이다.

'가장 작은 연필이 가장 긴 기억보다 낫다.' 바로 그런 이유로 나는 꼭 기도 일기를 적는다. 내가 성경 다음으로 신성하게 여기는 것이 나의 일기장이다. 일기 쓰기는 나의 발자취를 더듬는 일이며, 문제를 해결하고 깨달음을 기록하는 방식이며, 기도한 내용을 잊지 않을 수 있는 해법이며, 훗날 하나님이 기도에 응답하셨을 때 그분께 영광을 올려드릴 수 있는 묘안이다.

신앙 훈련 중에서 가장 경시되고 소홀히 여기는 부분이 일기 쓰기다. 하지만 나는 기도, 금식, 묵상과 맞먹을 만큼 중요한 일이라고 생각한다. 일기는 자신의 삶에서 하나님이 어떤 일을 하셨는지 되돌아볼 수 있는 기록이기 때문이다. 하박국 2장 2절에서 하나님은 "이 묵시를 기록하라"고 말씀하셨다. 왜 그러셨을까? 그 이유는 우리가 잊을 것은 기억하고, 기억할 것은 잊어버리는 성향이 있어서 그렇다. 일기 쓰기는 바로 그런 문제의 해결책이다. 아니, 어쩌면 영적 건망증의 유일한 해결책이라고 말할 수 있다.

나는 올해부터 어디를 가든 일기장을 반드시 갖고 다닌다. 회의나 모임에 참석하면 기도할 내용을 적어 두었다가 나중에 그것을 확인하면서 기도하고, 누군가로부터 어떤 이야기를 듣게 되면 그것도 기록해 두었다가 나중에 그것을 위해 중보한다. 물론 나의 개인 기도 시간에도 기도한 내용을 자세하게 기록해 둔다. 나는 현재 상황과 미래의 꿈에 대해 기도한다. 그리고 우리 아이들을 위한 기도 제목도 적어 놓는다. 그러면 계속해서 일관적이고 전략적인 기도를 드릴 수 있다. 또한 성경을 묵상한 내용도 적는다. 그리고 가끔은 기록한 내용을 훑어보면서 계속 기도해야 할 내용에 동그라미를 친다.

나의 기도 일기장은 기도의 역사서이기도 하다. 그동안 주님이 주셨던 축복, 문제의 해결, 기적 같은 사건들을 돌아보며 원래의 기도 내용을 회고하게 된다. 기도 일기장을 읽어보면 내가 기도했던 내용과 하나님이 응답하신 것들이 서로 연결되는 걸 볼 수 있다. 그런 연관성을 볼 때마다 하나님의 신실하심이 느껴져 내 믿음은 그 어느 때보다 강하고 견고해진다.

나는 올해 초에 '써클 메이커'라는 제목으로 연속 설교를 하면서 우리 교인들에게 기도 일기장을 하나씩 마련하라고 권했다. 단순히 기도 내용을 기록하는 것만으로도 얼마나 많은 사람이 획기적인 삶의 변화를 경험했는지 모른다. 당신이 일관적이고 상세한 기도를 드리기 원한다면 기도 일기가 그 열쇠라고 확신한다. 게다가 재미있기도 하다. 하나님이 하시는 일을 지켜보며 기다리는 일은 기도를 마치 게임처럼 즐겁게 만들어준다.

기자처럼 꼼꼼하게

얼마 전에 우리 교인이 기도에 대해 간증을 했는데, 내 생전 그토록 꼼꼼하게 기도 내용을 기록한 사람은 본 적이 없을 정도였다. 직업이 기자라는 얘기를 들으니 과연 직업 의식은 어쩔 수 없다는 생각이 들었다. 하지만 그의 기도 일기를 보는 순간 문득 한 가지 묘안이 머리를 스쳤다. 그건 우리도 기자가 취재 기록을 하듯이 기록을 하면 좋겠다는 것이었다.

킴벌리의 오랜 숙원은 지상파 방송사에서 정치부 기자로 일하는 것이었다. 결국, 그 바람대로 킴벌리는 가장 큰 방송사에 취직 되었을 뿐 아니라 세상에서 가장 유명한 곳, 즉 1600 펜실베이니아 애비뉴^{백악관의 주소-譯註}를 취재하는 기자가 되었다. 백악관 기자 수행단의 일원으로서 그녀는 종종 대통령과 함께 에어포스 원^{미국 대통령 전용기-譯註}을 타기도 한다. 그녀의 첫 번째 수행 취재는 2011년 4월 29일이었는데, 그날은 바로 오바마 대통령이 오사마 빈라덴의 사살 작전을 한 날이었다.

지금은 꿈꾸었던 삶을 살고 있지만 모든 꿈이 그렇듯이 킴벌리도 오랜 기도와 인내의 시간을 보내야만 했다. 우리 교회에서 '써클 메이커'라는 연속 설교를 할 때 그녀는 기도 일기를 들추며 지난 십 년간의 기록을 다시 읽어 보았다. 그 발자취를 더듬는 동안 일기장의 매 장마다 하나님의 손길을 느낄 수 있었다. 킴벌리의 기도 역사서는 2001년부터 시작되었다. 대학 졸업반이었던 그녀는 연약하지만 믿음으로 가득 찬 기도를 노트에 적어 놓았다.

감히 나의 꿈들을 간구할까? 감히 영혼의 상상을 바라볼까? 감히 도전해 볼까? 혹시 구하면 받게 될지 누가 아는가? 그렇다면 도전하겠다. 왕이신 주님께 '뉴스와 지식으로 영향을 미치는 사람이 되게 해 주세요'라고 기도하겠다.

대학을 졸업한 킴벌리는 대학원에 들어가서 도서관학을 전공하기 위해 시카고나 뉴욕으로 옮길 생각을 하고 있었다. 그렇게 진로를 걱정하는 동안 기도 지도 하나가 만들어졌다. 일기장 꼭대기에 성경 구절 하나를 적고 그 밑에 기도 제목들을 적은 것이다. 그녀가 동그라미를 친 성경구절 중의 하나는 시편 37편 4절이었다.

"또 여호와를 기뻐하라 그가 네 마음의 소원을 네게 이루어 주시리로다"

그것은 중요한 시기에 꼭 필요한 약속의 말씀이었다.

2003년 11월 4일에는 다음과 같은 기도 내용을 적었다.

"제가 어디로 가기를 원하십니까? 어디에서 당신을 드러낼까요? 어디에 당신의 뜻이 있습니까? 제 마음을 끌어당겨 주세요. 준비하고 기다리겠습니다."

자, 시간을 돌려서 2004년 4월 15일로 건너뛰어 보자.

킴벌리는 벤치에 앉아서 미시건 호수를 바라보고 있었다. 여전히 돈도 못 버는 자신의 신세가 한탄스러웠다. 그때 지상파 방송국에서 일하고 싶다는 꿈이 그녀의 내면에서 다시 한 번 용솟음쳐 올랐다. 그리고 믿음의 발걸음을 떼어 워싱턴 D.C.로 가야 한다는 생각이 들었다. 직장도 없고 돈도 없었지만 워싱턴 D.C.로 간 킴벌리는 친구 집에서 몇 달을 지내며 돈을 벌어서 자취하게 되었다. 생계를 꾸려

가기 위해 일단은 임시 직장에서 서류 정리하는 일을 했다. 그러면서 수없이 많은 이력서를 보내고 수없이 많은 거절 연락을 받았다.

여러 차례 생활고의 위기를 맞았던 킴벌리는 마침내 3교대로 밤에 근무하는 작은 보도국에 취직되었다. 정규 기자가 되어 최초로 밤 취재를 맡은 날은 허리케인 카타리나가 미국을 강타한 날이었다.

참으로 끔찍하고 처참한 밤이었지만, 돌아보면 나의 취재 기술을 연마하는 최고의 날이기도 했습니다. 또한 이라크 전쟁이 절정에 이른 때여서 그 날 밤에는 참으로 많은 일이 일어났습니다. 아침 순번의 직원들은 이전과 전혀 다른 소식에 손발을 맞춰야 할 정도였으니까요.

일 년간 밤 근무를 했던 킴벌리는 낮 근무를 하며 사람답게 살고 싶다는 생각이 간절해졌다. 밤에 일하니 사교 생활도, 신앙생활도 엉망이 되었다. 그녀는 큰 방송국에 이력서를 제출하고 마침내 오랜 꿈이 코앞에 이르렀다고 생각했다. 하지만 면접에서 다시 고배를 마시자 참담한 심정이 되었다. 이런 상황에서 보통 사람이라면 자신의 꿈을 단념하고 싶었겠지만 킴벌리는 아니었다. 원하는 직장에 취직되기를 기도하며 또다시 일 년간 밤 근무를 계속했다. 그리고 재차 같은 방송국에서 면접을 보았고 이번에는 드디어 합격이 되었다.

간단히 말해서 킴벌리는 십 년이라는 세월 동안 모든 게 자신에게 달린 것처럼 일했고 모든 게 하나님께 달린 것처럼 기도했다. 그리고 기도 내용을 충실히 기록한 덕분에 이제는 지난날을 돌아보며, 하나님이 어떻게 발걸음을 인도하셨는지를 추적할 수 있게 되었다. 그 기록의 한 장 한 장마다 하나님의 지문이 선명하게 찍혀 있었다.

저의 조부모는 농사꾼입니다. 할머니는 어린 시절부터 농사일을 돕느라고 초등학교 외에는 정규교육을 받지 못하셨습니다. 사람들은 할머니에게 '너는 평생 소젖이나 짜며 살 거야'라고 말했답니다.
그런데 이제 그 할머니의 손녀가 백악관에서 일을 하고 있습니다. 대통령 집무실에 들어가 '대통령님, 드릴 말씀이 있는데요'라고 말할 수 있는 사람이 된 것이지요.
참으로 멋진 나라 아닙니까! 참으로 멋진 하나님이 아닙니까!

 가장 작은 연필이 가장 긴 기억보다 낫다.

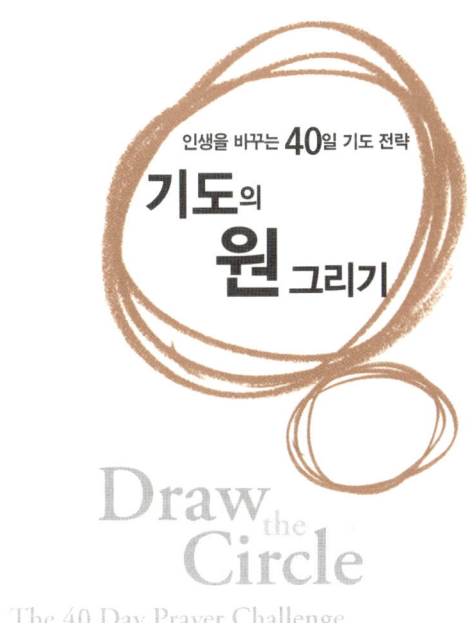

기도의 원 그리기

인생을 바꾸는 **40**일 기도 전략

Draw the Circle

The 40 Day Prayer Challenge

인생을 바꾸는 **40**일 기도 전략

Day 6

대담한 기도

"그 간청함을 인하여 일어나 그 요구대로 주리라"
(눅 11:8)

　《써클 메이커》가 출간된 직후에 어느 라디오 방송국과 인터뷰를 하게 되었다. 그런데 그 자리에서 프로그램 진행자가 밥 베이글리Bob Bagley라는 의료 선교사에 대한 놀라운 이야기를 들려주었다.
　원래 밥 베이글리 선교사의 교회는 교회 건물이 없어서 마을 근처의 나무 밑 그늘에서 예배를 드렸다고 한다. 그런데 어느 날 그 지역의 무당이 나무를 저주하자 나무가 말라서 죽어버렸다는 것이다. 교인들은 예배드릴 그늘을 잃었을 뿐 아니라 저주의 그늘에도 들어가게 되었다. 그리고 그것이 전도의 권위마저 훼손시키고 있었다. 이대로 두면 마을에서 교인들의 입지가 위험해질 것을 깨달은 베이글리 선교사는 전 교인에게 기도회를 열자고 제안했다. 바알 선지자들과 내기를 벌였던 엘리야와 달리 베이글리 선교사는 무당의 저주와 정면대결을 벌여 나무에 축복을 선언했다. 구체적으로 말하면 나무에 손을 대고 하나님이 그 나무를 다시 되살려 주시길 기도한 것이다.

실로 대담무쌍한 기도가 아닌가!

만일 하나님이 기도를 들어주시지 않는다면 어떻게 낯을 들고 다닐 수 있겠는가? 이것이 바로 기도의 모험이다. 그러나 기도를 하지 않으면 우리는 절대 그 결과를 알 수 없다. 수많은 '그럴 걸……', '할 걸……', '해볼 걸……'만 쌓이게 될 것이다. 확실히 단언할 수 있는 건 하나님은 우리가 기도하지 않는 것에 대해 100% 응답하지 않으신다는 사실이다.

옛 속담에 '굶주리면 음식을 가리지 않는다'는 말이 있다. 모든 기도에는 계산된 무리수가 있다. 때로는 모든 믿음을 총동원해서 하나님께 간구하고 사람들의 이야기에는 신경 쓰지 말아야 한다. 베이글리 선교사가 한 일이 바로 그것이었다. 그는 하나님께 나무를 부활시켜 달라고 기도한 뒤에 짧게 기도의 이유를 덧붙였다. "지금 제 명예 때문에 이러는 게 아니라는 것 아시지요?"

우리가 믿음으로 행동할 때는 우리의 명예가 위협받지 않는다.

하나님의 명예가 위협받는다. 왜냐하면 애초에 약속하신 분이 그분이기 때문이다. 하지만 우리가 자기 위신만 세우려 하면 하나님의 위신은 세워지지 않는다. 또한 베이글리 선교사처럼 기적을 경험하지도 못한다. 하나님은 그 나무의 저주를 풀어 주셨을 뿐 아니라 죽었던 나무도 살아나게 하셨다. 게다가 일 년에 한 번 열리던 열매가 두 번이나 열리도록 하셨다. 두 배의 결실이자 두 배의 축복이었다.

왜 우리는 불가능한 일을 해 달라고 기도하면 하나님이 싫어하실 거라고 오해하는가? 사실은 너무 쉬운 기도들을 싫어하신다. 우리 힘으로도 할 수 있는 걸 해 달라고 기도하는 건 하나님을 우롱하는 일이다. 불가능한 일을 해 달라고 기도해야 그것이 하나님을 경외하는 일이다. 그래야만 우리의 믿음이 입증되고 하나님이 영광을 받으신다.

대담무쌍한 간청

누가복음 11장에는 친구의 거절에도 낙담하지 않았던 한 남자의 이야기가 나온다. 그는 계속해서 친구 집의 문을 두드렸고 마침내 목적한 바를 이루었다. 이것이 끈질긴 기도의 비유다. 예수님은 그 남자의 확고한 결단력을 칭찬하셨다. "그 간청함을 인하여 일어나 그 요구대로 주리라."

나는 이 말씀을 좋아한다. 살다 보면 무슨 수를 써서라도 해야 하는 일이 있다. 그때는 성전 뿔을 붙잡고 절대로 놓지 말아야 한다. 귀신의 세력과 맞붙는 것도 두려워해서는 안 된다. 아무리 미친 일이고, 위험한 일이고, 낯선 일이라도 과감하게 해야 한다.

대담한 간청의 원조는 '원 그리는 사람'이다. 극심한 가뭄이 유대인들의 생존을 위협할 때 호니Honi는 모래에 원을 그려놓고 그 안에 무릎을 꿇은 뒤 이렇게 기도했다.

우주 만물을 창조하신 하나님, 당신의 위대한 이름 앞에 맹세하오니 당신의 자녀들에게 자비를 베푸실 때까지 저는 이 원안에서 한 발짝도 나가지 않겠습니다.

그것은 위험한 간청이었다. 그러다 원 안에 오래 갇혀있게 되면 어쩌란 말인가. 그러나 하나님은 그 대담한 기도를 존중하셨다. 대담한 기도가 하나님을 존중하는 것이기 때문이었다. 심지어 하나님이 비를 내려 기도에 응답하셨을 때에도 호니는 더욱 담대하게 비의 종류까지 구체적으로 요구했다.

저는 이런 비를 간구한 게 아닙니다. 당신의 은혜와 축복과 사랑의 비를 내려 주옵소서.

누가복음 11장의 비유에는 끈질기게 간청하라는 교훈이 남겨있다. 더불어 기도에 응답하시는 하나님의 성품이 어떠한지도 보여 준다. 단지 계속해서 간청한다는 이유로 기도를 들어주시는 게 아니다. 하나님 자신의 위대한 이름을 위해 우리의 기도를 들어주시는 것이다. 결국 관건은 우리의 명예가 아니라 그분의 명예다. 하나님은 우리가 원하는 걸 주시기 위해 기도를 들어주시는 게 아니라 그분의 이름을 영화롭게 하기 위해 기도에 응답하시는 것이다.

순종의 좋은 점은 우리를 책임에서 벗어나게 해 준다는 것이다. 우리가 그분 뜻에 순종하면 우리의 부담과 압박감을 벗어서 전능하신 하나님의 어깨에 지워드리는 셈이 된다.

가령 십일조를 할 때 우리의 재정은 더 이상 우리 책임이 아니라 하나님의 책임이 된다. 심지어 하나님은 진짜 그런지 자신을 시험해보라고까지 말씀하셨다. 진짜로 그분을 시험하게 되면 우리가 100% 재정으로 하는 일보다 하나님이 90% 재정으로 더 많은 일을 하실 수 있다는 걸 알게 될 것이다. 그러면 재정 관리는 결국 베풀기 게임이 되어서 더 줄수록 더 재미있는 일이 벌어지고, 더 많이 베풀수록 자신이 가진 것을 더 크게 누릴 수 있게 된다.

기도는 우리를 책임에서 벗어나게 한다. 그리하여 우리가 하지 않고 하나님께서 하시도록 만든다. 그러니 걱정을 멈추고 전능하신 하나님의 손에 맡겨 드리라. 우리가 맡겨 드리는 것을 하나님은 무엇이든 해결하실 수 있다.

혹시 하나님이 응답하시지 않을까 봐 기적을 위해 기도하기를 주저하고 있는가? 하지만 응답은 우리에게 달린 문제가 아니다. '그래'라고 하실지, '안 돼'라고 하실지, '아직 안 돼'라고 하실지는 결코 알 수 없는 일이다. 응답은 우리 소관이 아니다. 우리가 할 일은 응답하는 게 아니라 기도하는 것이다. 예수님도 기도하라고 말씀하셨다.

> "구하라 그리하면 너희에게 주실 것이요 찾으라 그리하면 찾아낼 것이요 문을 두드리라 그리하면 너희에게 열릴 것이니" 마 7:7, 눅 11:9

'구하라', '찾으라', '두드리라' 이 세 단어는 모두 현재형 명령어다. 다시 말해서 한 번하고 마는 행위가 아니라 계속해서 되풀이하여 그렇게 하라는 뜻이다.

계속해서 구하라. 계속해서 찾으라. 계속해서 두드리라.

나는 여기에 덧붙여 계속해서 원을 그리며 기도하라고 말하겠다.

 **오늘의 기도 전략** 인생의 최대 비극은 간구하지 않아서 응답받지 못하는 것이다.

인생을 바꾸는 **40**일 기도 전략

Day 7

비옷을 장만하라

"제자들이 나가 두루 전파할새 주께서 ……
표적으로 말씀을 확실히 증언하시니라"
(막 16:20)

《써클 메이커》를 쓰고 나서 내가 첫 번째로 받은 간증은(나는 이 간증을 아주 좋아한다) 50년 전 미시시피에서 있었던 가뭄에 대한 것이었다. 1세기에 이스라엘의 가뭄을 종식시킨 호니처럼 한 남자의 믿음이 델타 지방의 가뭄을 일시에 해소했다고 한다.

당시의 혹독한 가뭄으로 농작물이 피해를 입게 되자 한 시골 교회가 농부 교인들을 불러서 긴급 기도회를 열었다. 수십 명의 농부들이 기도하기 위해 교회에 모였는데 대부분 작업복을 입고 온 반면, 한 농부는 우비를 입고 나타났다. 노아가 방주를 짓는 것만큼이나 엉뚱한 일이었지만 어쨌든 그 믿음만큼은 대단하지 않은가? 만약 하나님이 비를 내리실 거라고 진심으로 믿는다면 과연 어떤 옷을 입어야 하겠는가? 왜 기적을 위한 옷을 입지 않는가? 나는 그 늙은 농부의 어린아이 같은 믿음이 좋다. 그는 그저 이렇게 말했다고 한다. "비에 젖은 몸으로 집에 들어가기 싫어서 그래요." 실제로 그는 비를 맞지 않았지만 나머지 사람들은 비에 홀딱 젖어서 집에 돌아갔다고 한다.

나는 믿음의 행동이 기적의 열쇠라고 생각한다. 물론 장담할 수는 없지만 이 한 가지는 분명하다. 하나님은 우리가 기도의 응답을 전제로 행동할 때 그 행동을 귀하게 보신다. 그 말은 기도를 들어주신 것처럼 행동하라는 뜻이다. 기도를 드린 다음에는 믿음의 작은 발걸음을 뗄 필요가 있다. 그런 믿음의 발걸음들이 모여서 거대한 도약이 되는 것이다.

우리도 노아처럼 날마다 방주를 지어야 한다 창 6:14-22. 하나님이 우리에게 주신 꿈을 향해 망치질을 멈추지 말아야 한다. 여리고 성을 7일 동안 돌았던 이스라엘 백성처럼 우리도 하나님의 약속을 돌고 또 돌아야 한다 수 6:3-21. 구름이 나타나는지 살펴보라고 계속해서 종을 보냈던 엘리야처럼 우리도 하나님의 응답을 기대하며 우직하게 기다려야 한다 왕상 18:43-45.

85달러 믿음

약 1년 전쯤에 우리 교회는 캐피톨 힐에 있는 낡은 마약 밀거래소를 구입하여 에벤에셀 커피하우스를 차렸다. 그러기 위해 나에게는 85달러의 믿음이 필요했다. 나는 그 85달러짜리 믿음의 발걸음이 몇 년이 지나 3백만 달러가 되는 기적을 불러왔다고 믿는다.

언젠가 우리 동네에서 어린이 교육사업 지원을 위한 경매가 열렸다. 다른 사람들은 수업 프로그램이나 운동경기 입장권이나 방학사업 같은 것에 입찰경쟁을 벌였지만 나는 아니었다. 내가 눈독을 들였던 것은 따로 있었다. 그것은 캐피톨 힐 재건회에서 헌납한 캐피톨 힐 지역 토지 사용대장이었다.

물론 그 토지를 계약한 뒤에 그보다 낮은 금액으로 복사본을 구입할 수도 있었지만 계약을 하기 전에 믿음으로 그것을 구입해야 한다는 생각이 들었다. 하지만 그 계약이 성사되지 않는다면 그 돈은 완전한 낭비가 되고 말 참이었다. 그러나 나는 하나님이 그 땅을 우리에게 주실 것을 확신했기에 85달러를 걸고 그것을 내 손에 넣었다. 그리고 몇 개월 후에 진짜로 그 땅의 구매 계약이 성사되었다.

때로는 그렇게 85달러의 믿음을 발휘해서 우리가 진정으로 그것을 원한다는 걸 하나님께 보여드릴 필요가 있다. 그것이 우리 믿음을 증명하는 길이다.

당신의 꿈과 소망에 대해 기도만 하지 마라. 행동에 나서라. 마치 하나님이 그 꿈을 이뤄주신 것처럼 행동하라. 어쩌면 지금은 하나님이 응답하신 것처럼 우비를 걸쳐야 할 때인지도 모른다. 아니면 당신의 꿈을 위해 85달러를 걸어야 할 때인지도 모른다.

브로드웨이행 비행기 표를 끊어서 당신이 오디션을 볼 곳으로 달려가라. 당신이 이력서를 낸 직장에 출근하기 위해 새 양복을 맞추라. 저축한 돈으로 구입하려는 멋진 집을 위해 가구를 장만하라. 악기를 사라. 잡지를 구독하라. 책을 읽어라.

이건 결코 '기도하면 다 이루어진 줄로 알아'는 식의 무모한 주장이 아니다. 하나님의 뜻이 아니라면, 하나님의 영광을 위한 것이 아니라면, 그런 일은 시간과 정력과 돈의 낭비일 뿐이다. 그러나 하나님이 주신 꿈이 맞는다면 85달러 믿음을 발휘하여 그분을 존중해야 한다. 그러면 하나님도 당신의 85달러 믿음을 존중하실 것이다. 그것을 당신 꿈의 계약금이라고 생각하라.

표적이 따라오다

마가복음의 마지막 두 마디는 '표적이 따라왔다'는 것이다.

우리 마음 같아서는 그것이 '표적이 앞서왔다'로 바뀌있으면 좋겠지만 불행히도 그렇지가 않다. 우리는 하나님이 앞서 행하시기를 바란다. 그러면 굳이 힘들여 믿음을 발휘해야 할 필요도 없을 것이다. 하지만 현실은 정반대다. 하나님이 일하시기를 원한다면 우리가 먼저 일해야 한다. 만약 하나님이 당신의 삶에서 전혀 아무 일도 안 하는 것처럼 보인다면 그건 분명 당신이 일을 안 해서일 것이다. 일단 우리가 움직이면 하나님도 우리의 믿음을 존중해서 하늘과 땅을 움직이신다.

살다 보면 믿음의 선언을 해야 할 때가 온다. 나는 문서에 새겨진 신학 이론들을 이야기하는 게 아니다. 우리 삶에 새겨진 믿음의 언어들을 의미하는 것이다. 믿음은 절대 명사가 아니다. 믿음은 동사이며 행위 동사다. 가장 위대하고 진실한 믿음의 언어는 잘 산 인생이다. 잘 산 인생은 도전과 희생을 통해 체화된 믿음이다. 하나님의 역사로만 성공할 운명적 꿈을 좇다 보면 그런 인생을 살 수 있게 된다.

무릎이 저리도록 기도해도 그 기도에 행동이 따르지 않으면 아무 소용이 없다. 믿음에는 발이 달려야 한다. 무릎을 꿇고 기도를 한 다음에는 두 발로 일어서서 믿음으로 걸어가야 한다. 옛말에 천리 길도 한 걸음부터라고 했다. 내 경험상 첫걸음을 떼는 것이 가장 힘들고 오래 걸린다. 그때 가장 크고 담대한 믿음이 필요하며 가장 어색하고 거북한 느낌이 든다. 그러나 믿음의 발걸음을 떼고 나면 그 뒤에 표적이 따라온다. 그래서 하나님이 주시는 축복의 눈사태에 파묻히게 될 것이다.

젖은 발

이스라엘 백성이 마침내 약속의 땅을 눈앞에 두고 서 있을 때 하나님은 제사장들에게 강물로 들어가라고 명령하셨다. 성경에서 가장 무모해 보이는 명령 중의 하나가 이것이다. "너희가 요단 물 가에 이르거든 요단에 들어서라"수 3:8

독자들은 어떤지 모르겠지만 나는 개인적으로 발이 물에 젖는 걸 굉장히 싫어한다. 하나님이 강물을 갈라주시면 나는 그 기적 속에서 마른 땅을 건너고 싶다. 그러면 발도 젖지 않고 좋겠지만 그렇게 발을 적실 각오가 없다면 절대로 강물이 갈라져서 마른 땅을 지나가지도 못한다는 걸 명심해야 한다.

요단 강은 물이 범람하는 시기에 약 60m까지 강폭이 넓어진다. 그런 요단 강이 400년 묵은 약속을 가로막고 있었다. 이스라엘 백성의 꿈은 돌을 던지면 닿을 거리에 놓여 있었지만 제사장들이 강물로 들어가지 않았다면 그들은 여생을 요단 강 동쪽 강변에서 보냈을 것이다. 우리는 지금 꿈에 다가서 있고, 약속의 성취에 도달해 있고, 기적을 목전에 두고 있다. 하지만 하나님이 강물을 갈라 주시기만 고대하면 안 된다. 하나님은 우리 발을 강물에 들여 놓기를 원하신다.

마른 땅에 서서 꼼짝하지 않는 사람에게 하나님은 결코 요단 강을 갈라 주지 않으실 것이다. 강물에 발을 들여 놓을 때에만 하나님이 강을 갈라 주실 것이다.

 **오늘의 기도 전략** 하나님이 움직이시길 원한다면 당신이 먼저 움직이라.

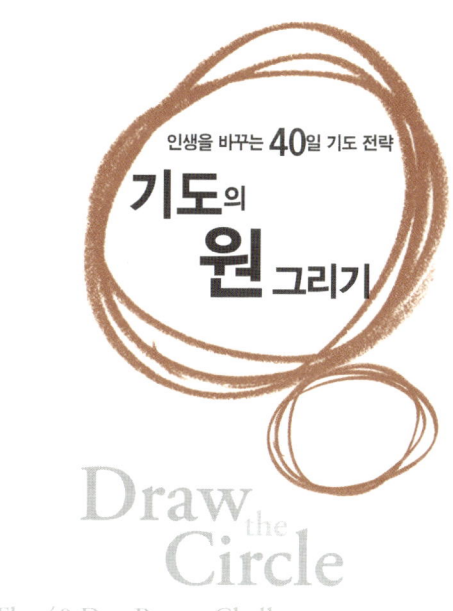

인생을 바꾸는 **40**일 기도 전략

기도의 원 그리기

Draw the Circle
The 40 Day Prayer Challenge

인생을 바꾸는 **40**일 기도 전략

Day 8

하나님의 아이디어

"땅에게 말하라 네게 가르치리라"
(욥 12:8)

20세기에 들어서섰을 때 미국 남부의 농업경제는 침체기를 맞았다. 원인은 목화다래바구미가 극성을 부려 목화 농사를 망쳤기 때문이다. 농부들이 해마다 목화를 재배해서 땅의 영양분도 고갈되어 있었다.

그때 나타난 사람이 20세기 최고의 과학자로 불리는 조지 워싱턴 카버George Washington Carver였다. 카버는 돌려짓기 농법을 개발해서 농부들에게 목화 대신 땅콩을 심으라고 권했다. 다행히 그 덕에 땅은 살아났지만 경제는 살아나지 않았다. 땅콩을 판매할 판로가 없었다. 수요보다 공급이 많았기 때문에 창고에는 수확한 땅콩이 어마어마하게 쌓여갔다. 낙심한 농민들이 카버에게 불만을 토로하자 그는 언제나 그렇듯이 오랜 시간 홀로 산책을 하며 하나님과 대화를 나누었다.

카버는 언제나 새벽 4시에 일어나서 숲 속을 거닐며 하나님께 기도하는 습관이 있었다. 그의 성경책에 가장 원이 많이 쳐진 구절은 욥기 12장 7~8절이었다.

"이제 모든 짐승에게 물어 보라 그것들이 네게 가르치리라
공중의 새에게 물어 보라 그것들이 또한 네게 말하리라
땅에게 말하라 네게 가르치리라
바다의 고기도 네게 설명하리라"

카버는 이 약속의 말씀을 액면 그대로 받아들였다. 그래서 그는 자연을 통해 깨달음을 달라고 간구했고, 하나님은 그의 기도에 응답하셨다. 결국, 그는 3백 가지가 넘는 땅콩 활용법을 개발해 내었는데, 무엇보다 흥미로운 건 그가 하나님과 나눈 대화의 내용이었다. 그는 특유의 직설 화법으로 하나님과 했던 이야기를 다음과 같이 소개했다.

나는 하나님께 물었죠.

"왜 우주를 만드셨어요, 하나님?"

그러자 그분은 "너의 적은 사고능력에 좀 더 들어맞는 것을 물어 보아라"고 대답하셨습니다.

저는 다시 물었죠.

"왜 지구를 만드셨어요, 하나님?"

하나님이 대답하셨습니다.

"너는 네 능력에서 너무 벗어나는 것을 묻고 있구나. 너의 적은 사고능력에 좀 더 들어맞는 것을 물어 보거라."

그래서 제가 다시 물었습니다.

"왜 인간을 만드셨어요, 하나님?"

"그건 네 능력 밖이다. 다시 물어라."

"왜 식물을 만드셨어요, 하나님?"

"너의 적은 사고능력으로 그것을 이해하기는 역부족이다."

저는 쭈뼛거리며 다시 물었습니다.

"왜 땅콩을 만드셨어요?"

"그래, 그건 말해줄 수 있다. 땅콩의 신비를 가르쳐 주지. 연구실에 들어가서 땅콩을 수분, 지방, 기름, 수지, 당분, 녹말, 아미노산으로 분리해 보아라. 그런 다음 화합성, 온도, 압력의 세 가지 법칙 아래서 다시 그것을 결합해라. 그러면 내가 왜 땅콩을 만들었는지 알

게 될 것이다."^{주4)}

   1921년 1월 20일에 조지 워싱턴 카버는 미국땅콩협회를 대표해 가정보호관리위원회에서 연구 발표하게 되었다. 위원회 회장인 조셉 포드니는 애초에 그에게 10분간의 발표 시간을 주겠다고 했다. 그러나 1시간 40분이 지난 뒤에 위원회는 카버가 원하기만 한다면 언제든지 다시 와서 발표해도 좋다고 말했다. 그들은 땅콩의 높은 활용 가치에 완전히 매료된 것이다. 접착제부터 면도 크림, 비누, 살충제, 화장품, 나무 염료, 비료, 리놀륨, 우스터 소스에 이르기까지 땅콩의 활용 가치는 그야말로 무궁무진했다.

   앞으로 당신이 면도하거나 화장을 할 때, 나무에 염료를 칠할 때, 정원에 비료를 줄 때, 피넛버터 샌드위치를 먹을 때, 그 모든 것이 새벽 4시에 일어나 기도하던 한 남자에게서 비롯된 것임을 기억하기 바란다.

   그 3백 가지 땅콩 활용법은 단순히 좋은 아이디어가 아니었다. 그것은 하나님의 아이디어였다. 하나님의 아이디어 한 가지는 좋은 아이디어 수만 가지보다 월등하게 낫다.

   좋은 아이디어는 좋은 것이다. 그러나 역사를 바꾸는 것은 오직 하나님의 아이디어뿐이다.

---

4. Sam Wellman, "Heroes of History: George Washington Carver," www.heroesofhistory.com/page11.html (2012년 6월 7일 접속).

하나님의 아이디어

우리 교회는 해마다 교회 표어를 정한다. '2013년에는 기대하고 기도하자'는 식으로 운율만 맞춘 표어가 아니라 하나님 앞에 나아가 우리 안에서, 그리고 우리를 통해 무엇을 하기 원하시는지 간절히 묻고 기도해서 받은 내용을 표어로 정한다. 올해의 표어는 '하나님 앞에 머물자'이다. 모든 문제의 해결은 그것이고 모든 의문의 해답도 그것이다.

부흥회나 세미나에 가야만 비전을 받는 것은 아니다. 물론 좋은 묘안들이 생겨나겠지만, 하나님의 아이디어는 오직 하나님 앞에 나아갈 때에만 받을 수 있다.

살다 보면 누구나 상담과 조언이 필요할 때가 있다. 그러나 심각한 문제일수록 하나님 앞에 나아갈 때에만 해결된다.

함께 모여서 계획과 전략을 짜라. 계획을 안 짜는 것은 실패하려고 작정한 것과 같다. 그러나 모여서 단지 머리만 쥐어짜지 마라. 기도를 쥐어짜라. 가장 훌륭한 계획은 하나님의 존전에서 나온다.

어떤 경우에는 최선을 다해도 안 될 때가 있다. 최고의 해법, 최고의 아이디어, 최고의 노력이 있어도 여전히 부족할 때가 있다. 그럴 때에는 무릎을 꿇고 오로지 하나님만이 하실 수 있음을 고백하며 그분을 신뢰해야 한다. 기도란 결국 우리가 할 수 있는 최선과 하나님이 하실 수 있는 최선 사이의 차이를 줄이는 것이다.

기도할 때 성령께서 무거운 짐을 덜어 주실 것이다. 기도할 때 성령께서 하나님 앞에서만 깨달을 수 있는 것들을 알려 주실 것이다. 기도할 때 성령께서 우리의 사역과 가정과 사업과 삶을 위한 하나님의 생각이 무엇인지를 보여 주실 것이다.

만 가지 문제의 해결책

현대의 선지자로 불리는 A.W. 토저는 하나님에 대한 낮은 관점이 백 가지 해악의 원인이지만 하나님에 대한 높은 관점은 만 가지 일시적 문제의 해답이라고 말했다.주5) 그 말이 사실이라면 나는 사실이라고 믿는다 당신의 가장 큰 문제는 이혼이나, 의사의 암 선고나, 사업 실패가 아니다. 그렇다고 오해하지는 마라. 당신의 가정과 재정과 건강의 문제를 가볍게 여겨서 하는 말이 아니다. 당신이 겪고 있을 고통과 난관이 별거 아니라고 무시하는 것도 아니다. 다만 당신이 가진 문제를 올바로 판단하기 위해 다음의 질문에 대답해 보기를 바란다. 당신의 문제가 하나님보다 큰가, 아니면 하나님이 당신

---

5. A. W. Tozer, The Knowledge of the Holy (New York: HarperCollins, 1961), vii, 2.

의 문제보다 큰가?

가장 심각한 문제는 하나님을 너무 작게 보는 것이다. 그것이 모든 해악의 근원이다. 반면에 하나님을 제대로 보는 관점이 모든 문제의 해결책이다.

하나님의 은혜와 능력이 무한하다는 걸 깨달을 때에만 우리는 기도의 원을 그릴 수 있다. 일단 하나님의 전능하심을 알았다면 하나님이 주신 하나님 크기의 꿈들에 크게 원을 그리라.

당신의 하나님은 얼마나 크신가?

당신의 결혼 생활과 자녀 문제를 해결하실 수 있을 정도로 크신가? 당신이 받은 병원 검사의 양성 반응이나 회의적 결과보다 크신가? 당신이 범한 흉악한 죄보다 크신가? 당신이 가진 최악의 두려움이나 최고의 꿈보다 크신가?

이 모든 것보다 하나님이 더 크시다고 믿는다면 그렇게 기도하라.

 하나님의 아이디어 한 가지는 좋은 아이디어 수만 가지보다 월등하게 낫다.

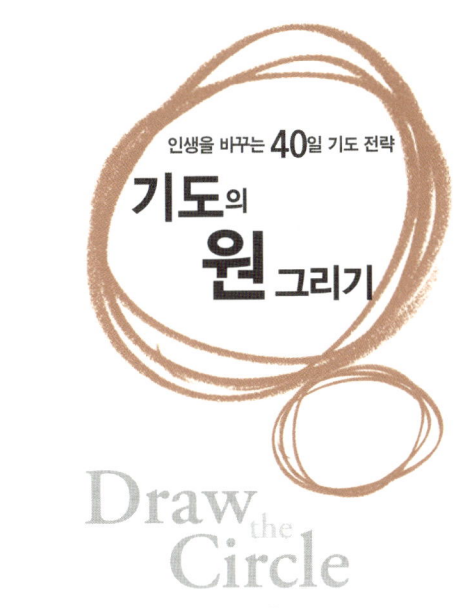

인생을 바꾸는 **40**일 기도 전략

기도의 원 그리기

Draw the Circle

The 40 Day Prayer Challenge

인생을 바꾸는 **40**일 기도 전략

Day 9

꿈 공장

> "모든 생각을 사로잡아
> 그리스도에게 복종하게 하니"
> (고후 10:5)

내가 아는 사람 중에 영양실조에 걸린 아이들을 한 명씩 돌봐줌으로써 세상을 변화시키고자 애쓰는 사람이 있다.

10년 동안 아프리카에서 사역했던 마크 무어Mark Moore 선교사는 2008년 가을에 캐피톨 힐에 와서 우리와 함께 일하게 되었다. 그러던 어느 날, 유니세프 사역자가 와서 해 준 이야기가 그의 삶의 궤적을 바꿔 놓았다. 유니세프 사역자는 RUTF라는 혁신적인 가공 치료 식품을 소개한 뒤 그에 대한 60분짜리 영상 자료를 보여 주었다. 영상에 등장한 앤더슨 쿠퍼라는 사람은 그 치료 식품이 '현재까지 영양실조를 치료하고 낫게 할 수 있는 가장 효과적인 식품'이라고 말했다. 마크에게 RUTF의 존재는 암 치료책을 발견한 것만큼이나 획기적이었다. 인간의 아이디어가 아니라 하나님의 아이디어가 그 속에 번득이고 있었기 때문이었다.

RUTF의 기본 성분은 땅콩 페이스트다. 땅콩은 열량이 높고 단백질이 풍부해서 면역 체계를 높이는 데에 효과적인 식품이다. 또한 비타민과 미네랄이 결합해서 소화에 도움을 주기 때문에 영양실조로 위가 줄어든 아이들에게 좋다. 한 마디로 완벽한 기적의 음식인 셈이다.

땅콩이 영양실조와 싸우는 최고의 무기가 될 것을 조지 워싱턴 카버가 예상했는지는 모르겠지만 분명 하나님은 알고 계셨을 것이다. 백 년 전에 남부의 농업 경제를 살린 작물이 지금은 수백만 어린 생명의 치료제 역할을 톡톡히 하고 있다. 그것이 하나님의 아이디어가 발휘한 위력이자 한 사람의 기도가 만들어 낸 부산물이다.

2009년 10월 16일에 마크는 만나MANA라는 단체를 설립했다. 만나는 'Mother Administered Nutritive Aid산모영양지원'의 약자지만 여기에는 이중적인 의미가 들어있다. 하나님이 광야에서 이스라엘 백성에게 만나를 주신 것처럼 영양 지원을 받는 사람들에게 기적이 일어나길 바란다는 뜻이었다.

과감히 요단 강물에 발을 내딛고 만나를 창립한 마크는 RUTF를 싼 가격에 대량 생산하기 위해서 공장을 짓는 일에 착수했다. 허지만 그러기 위해서는 하나님이 강물을 갈라 주셔야만 했다. 일단 그는 조지아 주를 최적의 장소로 점찍었다. 땅콩 본산지인 조지아 주의 피츠제럴드 시가 공장을 짓기에는 가장 적합한 지역으로 보였다. 그는 피츠제럴드 시의 시장을 찾아가서 만나 사역에 대한 계획과 구상을 이야기했다. 그러자 시장은 마크가 백만 달러의 기부금만 모금한다면 자신의 권한 내에서 건축에 관한 모든 것을 발 벗고 도와주겠다고 말했다. 마크는 휴스턴에서 백만 달러를 쾌척하겠다는 천사 기부자를 만났다. 그 뒤 단 2주 만에 9천 평에 이르는 공장 부지를 계약했다. 그것은 시간당 만 8천 개의 RUTF 상자를 생산할 수 있는 규모였다. 지난달에 만나는 백만 개가 넘는 구호 식품 상자를 생산했다고 한다.

꿈 공장

자, 이제 그 이후의 일들을 이야기하겠다.

하나님의 아이디어를 품은 지 얼마 뒤에 마크는 내게 '에벤에셀에서 백만 명의 생명을 살리다'라는 제목의 이메일을 보내왔다. 그 제목에 내 눈이 번쩍 뜨였다. 마크는 우리 교회 커피점에서 일하다가 만나에 대한 꿈을 갖게 되었다고 말했다. 또한 만나라는 단체를 공식적으로 설립하게 된 곳도 에벤에셀이었고, 그 날은 공교롭게도 '세계 식량의 날'이었다고 한다. 그 사실을 알게 되자 나도 왠지 거룩한 모략의 공범자 같은 느낌이 들었다.

그런데 그 순간, 우리가 여러 해 전에 했던 기도가 떠오르면서 그 예언적 기도와 성취 사이의 연결점이 머릿속에 그려졌다.

2006년 3월 13일에 우리 교회는 에벨에셀 커피하우스를 주님께 봉헌하는 봉헌 예배를 드렸다. 우리는 그곳의 사방 벽에 손을 얹고 기도했으며, 바닥에 기도 제목들을 적었고, 그곳 문을 열고 들어오는 모든 사람을 위해 기도했다. 그중의 한 명이 마크 무어였다.

봉헌 예배에서 제일 인상적이었던 것은 그곳 사역자 한 명이 에벤에셀이 '꿈 공장'이 되게 해 달라고 한 기도였다. 함께 기도를 하다 보면 어떤 기도에 가슴이 뜨거워져서 눈을 뜨고 다른 사람들도 나처럼 감동받았는지 확인할 때가 있다. 그 순간이 바로 그런 때였다. 참으로 구체적이고도 예언적인 기도였다. 그리고 그 기도는 이후에 수도 없이 응답을 받았다. 대표적인 예가 마크 무어였다. 그를 통해 하나님이 하나의 기도를 사용해서 얼마나 많은 사람에게 영향을 미칠 수 있는지를 보여 주셨다. 아래의 내용은 마크가 직접 쓴 간증이다.

만나의 꿈은 에벤에셀 키피하우스의 꿈 공장에서 태어났다. 그곳의 맛있는 커피와 무료 와이파이 존이 내게 완벽한 사무실이 되어 주었다. 만나의 꿈이 조금씩 형태를 갖춰가는 동안 나는 모든 자원과 인맥을 총동원해서 그 꿈을 추구했고, 에벤에셀은 훌륭한 만남의 장소가 되어 주었다. 그래서 계속 사람들을 만나고 모임을 가질 수 있었다. '에벤에셀에서 오후 2시에 만납시다'와 같이 약속하고 만난 사람들도 있었지만, 그곳에서 우연히 만난 사람들이 더 많았다. 그들과의 만남은 새로운 아이디어, 새로운 동역관계, 새로운 기회로 이어졌고 그것들이 더해져서 마침내 오늘이 있게 된 것이다.

한 단체가 땅콩 페이스트를 상자에 담아 준다고 극심한 영양실조 문제가 해결될 리는 없다. 하지만 우리는 영양실조와 그로 인한 불필요한 죽음을 막는데 그 어느 때보다 효과적인 성과를 거두고 있다는 점은 자신할 수 있다.

에벤에셀 커피하우스에서 탄생한 마크의 꿈은 좋은 아이디어가 아니라 하나님의 아이디어였다. 당신에게 하나님의 아이디어가 떠올랐다면 그것을 사로잡아야 한다. 사도 바울도 '모든 생각을 사로잡아 그리스도에게 복종하라'고 말하지 않았던가. 나는 지금까지 이 구절을 부정적으로 해석하는 설교만 들었다. 악하고 죄악된 생각을 사로잡아 그것을 그리스도께 복종시켜야 한다는 식이었다. 하지만 그것은 영적 전쟁의 절반에 해당할 뿐이다. 부정적 의미만 보고 긍정적 의미를 보지 못하면 절반의 진리밖에 흡수하지 못한다. 죄악된 생각들을 사로잡아 그것을 우리 속에서 몰아내야 하지만, 그와 동시에 창조적인 생각을 사로잡아 그것을 마음속에 잘 간직하는 일도 중요하다. 다시 말해 성령이 주시는 모든 말씀과 생각과 환상과 계시들을 잘 지키라는 것이다.

일차적으로는 모든 생각을 사로잡아야 한다. 생각을 사로잡는 최고의 방법 중 하나가 기도 일기를 쓰는 것이다. 그런 뒤에는 그 생각을 그리스도께 복종시켜야 한다. 그러기 위해서는 땀과 피와 눈물이 필요하다.

나는 열아홉 살에 브나야에 대한 설교를 들은 적이 있다. 다윗의 호위 용사였던 그는 눈이 올 때 구덩이에 내려가서 사자 한 마리를 쳐 죽였다고 한다. 그 설교를 듣고 있을 때 내 머릿속에 번개처럼 이런 생각이 스치고 지나갔다. '혹시 내가 책을 쓰게 된다면 성경의 저 구절에 대한 책을 써 봐야겠다.' 나는 그 생각을 무려 19년 동안이나 사로잡고 있었다. 그러다가 드디어 그 생각을 그리스도께 복종시키기로 결심하고 알람시계를 맞추어 매일 새벽에 일어나서는 컴퓨터 앞에 앉아 《마크 배터슨의 극복 In a Pit with a Lion on a Snowy Day》이라는 책을 쓰게 되었다. 그 책은 하나님의 아이디어로 시작했지만 나의 순종으로 집필된 것이다.

아타리 비디오 게임의 창시자인 놀란 부쉬넬Nolan Bushnell은 이런 말을 했다.

샤워해 본 사람이라면 누구나 창의적인 생각이 떠오르는 경험을 해 보았을 것이다. 하지만 샤워실에서 나와 몸을 닦고 그 생각에 관해 무언가를 하는 사람만이 세상을 바꿀 수 있다. 주6)

---

6. Pat Williams, Go for the Magic (Nashville: Nelson, 1998), 97에서 인용.

오늘의 기도 전략

한 번의 기도가 갖고 있는 능력을 절대로 과소평가하지 마라.

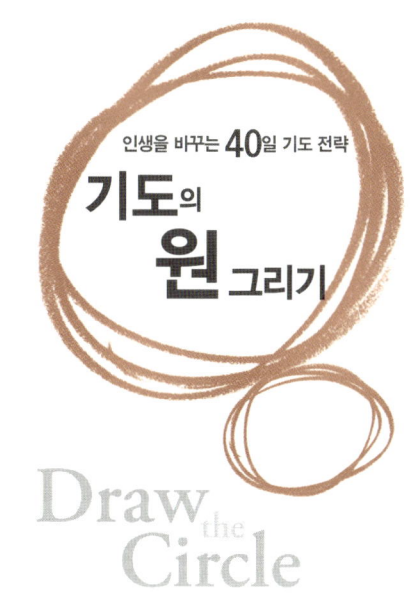

인생을 바꾸는 **40**일 기도 전략

기도의 원 그리기

Draw the Circle
The 40 Day Prayer Challenge

인생을 바꾸는 **40**일 기도 전략

Day 10

미친 믿음

"그렇지 않으면 늘 와서 나를 괴롭게 하리라"
(눅 18:5)

나는 끈질기게 호소하는 과부의 비유를 좋아한다. 그런 열정을 조롱하는 게 아니라 '끈질기다'는 말은 어쩌면 '미쳤다'라는 말의 완곡어가 될 수도 있다는 생각이 든다. 한 마디로 그 과부는 미친 것이다. 하지만 그 동기가 의로운 것이라면 그것은 거룩한 미침이다.

성경에는 과부가 어떤 억울한 일을 당했는지 나와 있지 않다. 어쨌든 과부는 칼을 갈고 있었다. 아들이 누명을 쓰고 감옥에 갇혀 있거나, 딸을 성추행한 남자가 멀쩡하게 길가를 활보해서 그랬을 것이다. 이유야 어찌 되었건 과부는 끝까지 재판장에게 매달릴 기세

였고 재판장도 그 사실을 알고 있었다. 원한이 풀리거나 죽기 전에는 그녀가 자기 집 주위를 계속해서 맴돌 게 분명해 보였다. 미친 여인에게 포기란 없는 법이니까.

그럼 위대한 재판장이신 주님도 당신을 알고 계실까?

당신은 진정으로 축복과, 문제 해결과, 기적을 절실하게 원하고 있는가? 밤을 새워 기도할 정도로 절실한가? 약속의 말씀에 얼마나 많은 원을 그리고 있는가? 죽을 때까지 그렇게 기도할 각오가 되어 있는가? 기회의 문을 얼마나 오랫동안 두드릴 것인가? 손바닥이 멍들고 까질 때까지 두드릴 것인가? 문이 부서질 때까지 두드릴 수 있겠는가?

원을 그리며 기도했던 호니처럼 이 비유의 과부도 방법론적으로는 정공이 아니었다. 정식 재판이 벌어질 때까지 기다려야 하고, 얼마든지 그럴 수도 있었을 것이다. 재판장의 사저를 찾아간다는 것은 사실 사생활 침해라고 할 수 있었다. 과부에게 구금 명령을 내리지 않은 게 이상할 정도다. 그러나 이 비유는 하나님 성품의 한 단면을 보여 주는 것이다. 하나님은 의식과 의례를 따지는 분이 아니다. 그런 것을 따지는 분이었다면 예수님은 바리새인들을 자신의 제자로 선택했을 것이다. 하지만 예수님이 존중한 대상은 바리새인들이 아니었다.

갑자기 바리새인 집의 만찬장에 나타나서 자신의 발에 향유를 부은 창녀를 예수님은 존중하셨다. 잠깐이라도 주님의 모습을 보기 위해 거추장스러운 옷을 걷어 올리고 나무 위에 올라간 세리장을 예수님은 존중하셨다. 친구를 도와주기 위해 남의 집 지붕에 구멍을 내고 침대에 줄을 달아 내린 중풍 병자의 네 친구를 예수님은 존중하셨다. 과부의 비유에서도 예수님은 끈질긴 호소로 재판장을 미치게 했던 미친 여자를 존중하셨다.

이 이야기들이 가진 공통점은 '미친 믿음'이다. 사람들은 절실한 심정으로 주님께 다가갔고 주님은 그들을 존중하셨다. 지금도 그 사실은 하나도 변함이 없다. 하나님은 여전히 의례를 거부하고 담대하게 기도하는 사람들을 존중하신다. 대범하고도 집요하게 기도하는 사람들을 존중하신다. 열성적인 기도에 있어 황금의 본보기로 선정된 사람이 미친 과부다. 그녀의 부단하고 끈질긴 호소가 불의를 정의로 돌려놓았다.

우리 기도의 효력은 26개의 영어 알파벳을 무작위로 나열해서 '아브라카타브라 abracadabra' 같은 우발적 언어를 지어내는 데 있지 않다. 하나님은 우리가 입을 열기도 전에 우리가 할 말의 마지막 단어까지 알고 계신다. 기도의 생명력은 말보다 진심에 달려 있다. 즉, 우리가 하는 말보다는 우리가 하는 행동에 달린 것이다.

그저 기도만 하지 마라. 기도한 것을 행동에 옮기라.

살다보면 자신의 기도가 얼마나 진심인지를 하나님께 증명해야 하는 결정적 순간이 온다. 평범한 용건이 아니라 하나님께 매달리는 '진지한 용건'이 되어야 한다. 그럴 때 우리는 영적 돌파구에 근접해 있는 것이다.

미친 것이 정상이다

조쉬 섹스턴Josh Sexton은 노스캐롤라이나 주에서 렐러번트 트루스 교회를 개척한 목사다. 하나님은 그 교회에서 놀라운 역사를 일으키셨다. 생전 교회 문턱도 밟지 않았던 사람들이 실내 스케이트장이었던 예배당으로 모여들어 예수님을 구세주로 영접했다. 하지만 개척 교회들이 그렇듯 조쉬 목사의 교회에도 돈보다는 비전이 더 많았다. 결국 3천5백 달러의 임대료를 지불하지 않으면 건물을 비워야 한다는 통보가 날아들었다. 그때 조쉬 목사는 《써클 메이커》를 읽다가 좋은 묘안이 떠올랐다고 한다. 한 교역자가 그때 일어난 일을 다음과 같이 이야기했다.

조쉬 목사님은 예배 도중에 저에게 앞으로 나오라고 했습니다. 그리고는 스프레이 페인트 한 통을 주시면서 강단 위에 원을 그리라고 했습니다. 제가 원을 그리자 목사님은 하나님이 교회 임대료를 보내 주실 때까지 자신은 그 원을 떠나지 않겠다고 선언하셨습니다. 사모님의 협조 아래 그곳에 침대 하나와 이동 화장실 하나를 갖다 놓았고, 목사님은 자신의 성경책과 기도 일기장만 갖고 그 안에서 기도하셨습니다. 사모님은 하루에 세 번 식사를 날라다 주셨습니다. 우리 부부는 교회 근처에 살고 있었기 때문에 목사님네 아이들을 돌보아 주었습니다.

조쉬 목사님은 정말로 절박했던 것 같습니다. 이 작전이 성공 하기 위해서는 하나님이 역사하셔서 그분의 능력을 보여주셔야만 했습니다. 하나님이 뭔가 대단한 일을 하실 때까지 목사님은 정말로 그 원안에 머물 작정인 것 같았습니다. 진짜 미쳤다고밖에 말할 수 없는 일 아닙니까?

미친 것일까?

아니, 어쩌면 미친 짓이 아닐지도 모른다.

우리의 정상은 너무도 비정상이라서 정상조차 비정상으로 보일 지경이 되었다. 어쩌면 우리에게는 새로운 정상이 필요한지도 모른다. 담대한 기도와 큰 꿈은 정상이다. 그보다 못한 것이 비정상이다. 담대한 기도가 정상이 될 때 기적적인 해결책이 뒤따라 온다.

물론 조쉬 목사의 방법이 잘못되었다고 비판하고 싶은 사람도 있을 것이다. 하지만 살다 보면 위험을 감수하고, 미친 짓을 하고, 극단적인 일을 해야 할 경우가 생긴다. 그래서 호니는 모래 위에 원을 그려 놓고 비가 올 때까지 그 안에서 나오지 않겠다고 선언한 것이다. 유대 공의회에서는 그의 기도가 너무 무례하다며 파문시킬 생각까지 하고 있었다. 하지만 기적을 보고서도 이의를 제기할 사람은 없다. 호니의 대범한 기도는 결국 비가 오게 하였다. 그리하여 호니는 '한 세대를 살린 기도'의 주인공이 되었다.

믿을만한 소식통에 의하면, 유대 공의회 회원들은 지금도 각 단체, 각 교파, 각 교회에 존재한다고 한다. 하나님이 시키시는 일이라면 아무리 미친 짓이라도 그런 회의론자들의 말에 휘둘려서는 안 된다. 전해진 바로는 렐러번트 트루스 교회는 임대료를 공급받아 재계약에 성공했을 뿐 아니라 그들의 믿음도 재계약이 되었다고 한다.

성경을 보면 한 가지 반복되는 형태가 있다. 미친 기적은 미친 믿음의 자손이라는 것이다. 정상은 정상을 낳고 미친 믿음은 미친 기적을 낳는다. 당신이 하나님의 미친 기적을 보고 싶다면 먼저 미친 기도를 드려야 한다.

 담대한 기도는 하나님을 존중하는 일이고 하나님은 담대한 기도를 존중하신다.

인생을 바꾸는 **40**일 기도 전략

Day 11

일류 관찰자

"기도를 계속하고 기도에 감사함으로 깨어 있으라"
(골 4:2)

'깨어 있으라'는 단어는 구약 시대로 거슬러 올라가서 성벽 위의 파수꾼이 망을 보는 상황에서 나온 말이다. 적군이 쳐들어오거나 무역상들이 찾아오면 제일 먼저 그들을 발견하는 사람이 파수꾼이었다. 파수꾼은 가장 전망이 좋은 곳에 서 있었다. 그래서 다른 사람들은 보지 못하는 것들을 볼 수 있었고 다른 사람들이 보기 전에 볼 수 있었다. 우리가 기도할 때에도 마찬가지다. 우리는 다른 사람들이 보지 못하는 것들을 보게 되고 그들이 보기 전에 보게 된다. 우리는 하나님의 파수꾼이 되는 것이다.

기도는 육안이 아니라 영안으로 보게 해 주는 수단이다. 기도하는 사람은 하나님의 시력을 부여받는다. 그래서 육감이 강해지고 오감 너머의 영적 상황을 지각할 수 있는 능력도 생겨난다.

《시대와 리더십세종연구원 역간》을 펴낸 경제 분석가 워렌 베니스 Warren Bennis와 로버트 토마스Robert Thomas는 각 분야에서 성공한 지도자들의 공통분모를 연구해서 흥미로운 결과를 찾아냈다. 그들은 그것을 '일류 관찰자'라고 불렀다. 일류 관찰자란 재능을 인식하고, 기회를 발견해내고, 함정을 피할 줄 아는 능력을 가리킨다.

성공한 지도자들은 대부분 상황을 분석하고 장악하는 데 천재적인 사람들이었다. 그런 능력은 맛을 느끼는 미각처럼 세부적인 요소로 설명하기가 불가능하다. 상대방의 몸짓을 전혀 다르게 해석하는 식으로 그 차이가 미묘하게 나타난다. 그럼에도 그것은 진정한 지도자의 특징 중 하나라고 할 수 있다.주7)

기도는 우리를 일류 관찰자로 만들어 하나님이 보게 하시는 것을 볼 수 있게 한다. 기도하면 할수록 더 잘 보이고 기도를 안 하면 안 할수록 더 못 보게 된다. 아주 간단한 이치다.

그럼 이런 형상을 신경학적 관점에서 설명해 보겠다.

---

7. 워렌 베니스 & 로버트 토마스, 시대와 리더십(세종연구원, 2003).

우리의 두뇌에는 망상체활성화계RAS라고 불리는 신경세포 다발이 있어서 주변 환경에서 일어나는 일들을 감지할 수 있다. 인간은 주변에서 끊임없이 외부 자극을 받고 있기 때문에 RAS는 어떤 것을 주목할지, 혹은 어떤 것을 주목하지 않을지를 결정하는 역할을 한다.

자, 당신이 휴대전화에 새로운 벨소리를 다운받았다고 가정해 보자. 분명 처음 듣는 벨소리라고 생각했는데 다운을 받고 보니 다른 사람들도 전부 같은 벨소리를 사용하고 있는 걸 알게 되었다. 그 이유는 당신이 다운 받는 순간에 다른 사람들도 일제히 같은 벨소리를 다운받아서가 아니다. 당신이 그 벨소리를 사용하는 순간 당신의 RAS에 새로운 영역이 생겨나서 전에는 알아채지 못하던 벨소리를 이제는 예민하게 알아채는 것이다. 전에는 그 소리가 당신에게 전혀 중요하지 않았지만, 다운을 받은 다음부터는 당신의 RAS가 그것을 중요하게 처리하게 된 것이다.

당신이 누군가, 혹은 뭔가를 위해 기도할 때 그 기도는 당신의 RAS에 새로운 영역을 만들어 낸다. 그래서 그 기도와 연관되는 것들을 알아채게 한다. 기도하고 나서 우연의 일치처럼 기도한 일이 이루어지는 것을 경험한 적이 있는가? 당신이 기도하지 않았다면 그런 일은 알아채지 못하고 지나갔을 것이다. 하지만 그건 단순한 우연의 일치가 아니라 하나님의 섭리다. 기도는 하나님의 기회를 만들어 낸다. 또한 기도는 우리의 RAS를 성화시켜서 하나님이 우리 주변에 언제나 마련해 주시는 기회들을 알아챌 수 있게 해 준다. 따라서 그런 기회들이 보이면 잽싸게 붙잡아야 한다.

아람어로 기도슬로타는 '덫을 놓다'라는 뜻이다. 기회란 야생 동물과 같아서 잡기가 쉽지 않다. 당신이 기회를 잡고 싶다면 기도의 덫을 놓아야 한다.

우리는 기도가 하나님께 무언가를 간구하는 것이라고 생각하지만 사실상 기도는 그 이상의 의미를 지닌다. 기도는 독백이 아니라 대화다. 우리 안에 일어나는 생각과 감정들을 전부 하나님께 아뢰면 하나님도 그분의 꿈과 소망과 생각과 뜻을 우리에게 알려 주신다.

육감

옛 속담 중에 이런 말이 있다. '아름다움은 보는 사람의 눈에 있다.' 하지만 사실은 모든 것이 보는 사람의 눈에 있다. 우리가 경험하는 감정은 외부 상황을 그대로 반영하지 않는다. 우리 자신의 내면적 상황을 반영할 뿐이다. 우리는 세상을 있는 그대로 보지 않고 우리 식대로 본다. 그래서 기도가 중요한 것이다. 기도는 세상을 있는 그대로 보게 해 준다. 나아가 우리의 오감으로 인지하지 못하는 다른 차원의 세상까지 인지하게 해 준다.

이 세상에는 오감으로 인식할 수 없고 오로지 성령에 의해서만 인식할 수 있는 것들이 있다. 또 어떤 것들은 연역적 추리만으로 알아낼 수 없고 성령의 상상력으로 알아낼 수 있으며, 논리로 알 수 없는 것들은 성령의 계시가 있어야만 알게 된다.

성령은 우리의 인식 한계성을 보완해서 오감으로 인식할 수 없는 것들을 인식하게끔 도와주신다. 그것을 육감이라고 불러보자. 성령의 계시는 초월적 인식력을 부여해 준다. 이것은 실제적인 인식 능력이다. 그래서 보이지 않는 것도 보게 되고 들리지 않는 것도 듣게 된다. 그러나 오감과 마찬가지로 육감도 개발해야 한다. 육안의 시력이 개발되듯 영안도 같은 식으로 개발이 필요하다.

아기가 세상에 태어났을 때 그들의 시력은 정상 성인의 40분의 1밖에 되지 않는다. 또한 신생아에게는 깊이를 인식하는 능력이 없고 볼 수 있는 시야는 30cm밖에 되지 않는다. 지름 30cm 안에 있는 흐릿하면서도 2차원적인 세상이 바로 그들이 바라보는 세상이다. 하지만 시간이 지날수록 세상은 넓어지고, 깊어지고, 또렷해져서 만 4개월이 되면 입체와 깊이를 인식할 수 있게 된다. 그러다 6개월이 지나면 시력이 다섯 배나 좋아진다. 흑백의 세상이 만화경 속의 다채로운 세상이 되고 눈을 자유자재로 움직일 수 있게 된다. 그리하여 첫 돌을 맞이하는 아이는 거의 성인과 비슷한 시력이 된다고 한다.

그와 마찬가지로 우리의 영적인 눈도 발달 과정을 거친다. 이때 발달을 가속화하는 열쇠가 기도다. 영안이 열리기 전의 세상은 지름 30cm 속의 흐릿한 2차원의 세상이지만, 성령께서 깊이에 대한 인식력을 주시고 영안을 열어 주시면 주변에서 벌어지는 일상의 기적들을 볼 수 있게 된다. 영적 수정체를 가리고 있던 막이 제거되어 비로소 참된 실체를 보게 되는 것이다. 그때에 우리는 야곱처럼 무릎을 치며 탄성을 지르게 될 것이다.

"여호와께서 과연 여기 계시거늘 내가 알지 못하였도다"
창 28:16

영안이 열리면 어디에서건 하나님이 보이기 시작한다. 다른 사람들 안에서 하나님의 형상을 보고, 자연과 피조물에 새겨진 그분의 지문을 보며, 우리 주변에 항상 존재하고 있는 하나님이 주신 기회들을 보게 된다.

그건 마치 3D 안경을 쓰고 영화를 보는 것과 똑같다. 우리가 기도하면 하나님은 신나고 놀라운 방법으로 우리에게 다가오신다.

 **오늘의 기도 전략** 우리는 세상을 있는 그대로 보지 않고 우리 식대로 본다.

인생을 바꾸는 **40**일 기도 전략

Day 12

씨를 뿌려라

"만일 너희에게 믿음이 겨자씨 한 알 만큼만 있어도"
(마 17:20)

거대한 세쿼이아 나무 밑에 서면 마치 창조주의 그늘 아래 서 있는 것만 같다. 처음 요세미티 국립공원에 놀러 갔을 때 내가 받은 인상이 그것이었다. 위풍당당한 세쿼이아 나무들은 둘레가 6m가 넘고 높이가 무려 90m나 되었다. 더욱이 땅속의 뿌리는 3m가 넘고 사방으로 뻗은 뿌리들의 지름만도 25m나 된다고 한다. 이 나무들은 질병과 해충과 화재에도 끄떡없어서 멸종될 염려가 없고 고유의 재생력은 2천 년이라는 놀라운 수명에 큰 몫을 하고 있다고 한다.

그런데 진짜 놀라운 사실은 그 거대한 세쿼이아도 한때는 작은 씨였다는 점이다. 세쿼이아 씨는 토마토 나무의 씨보다 크지 않다.

그것이 바로 씨앗의 힘인 것이다. 하나의 세쿼이아 씨앗이 땅에 심겨서 자라면 해마다 40만 개의 새로운 씨가 맺힌다. 따라서 하나의 씨앗에는 하나의 나무가 아니라 하나의 숲이 들어있는 것이다.

"하나님이 이르시되 땅은 풀과 씨 맺는 채소와 각기 종류대로 씨 가진 열매 맺는 나무를 내라 하시니 그대로 되어"창 1:11

우리는 창세기를 너무 무덤덤하게 읽는 경향이 있다. 사실 씨앗보다 더 놀라운 피조물은 태양, 달, 별들과 같은 것이라고 말할 수 있을 것이다. 그러나 씨앗만큼 하나님의 생산적 창조력을 단적으로 보여주는 것은 없다. 과일을 한 입 베어 물 때마다 하나님께 감사해야 할 이유도 그것이다. 오렌지 씨, 사과 씨, 딸기 씨, 포도 씨, 석류 씨, 수박씨가 있기에 우리가 지금 다양한 과일을 즐길 수 있는 게 아닌가?

혹시 씨앗이 없는 삶을 상상해 본 적이 있는가?

1925년의 스콥스 재판으로 유명해진 윌리엄 제닝스 브라이언 William Jennings Bryan은 하나님의 신비를 수박씨에 비유한 적이 있다.

나는 수박씨를 관찰해 보았다. 그 안에는 자신보다 20만 배나 무거운 수박 열매를 땅을 통해 생산해 낼 수 있는 능력이 들어 있다. 또한 이것은 단순한 모방 예술을 넘어서서 겉면에 아름다운 녹색을 입히고 그 위에 다시 흰색의 줄을 넣은 뒤, 안에는 붉은색의 과육에 점점이 검은 씨를 박아서 자기보다 20만 배나 무거운 열매를 생산해 낸다. 당신이 이 수박의 신비를 설명해 준다면 나도 당신에게 하나님의 신비를 설명해 주겠다. 주8)

겨자씨

믿음의 잠재력에 대해 알고 싶다면 먼저 씨앗이 가진 능력을 이해해야 한다. 예수님은 우리의 믿음을 겨자씨와 연관 지어 말씀하셨다 마 17:20. 당시 유대의 농작물 중에 가장 작은 씨가 겨자씨였다. 여느 씨처럼 겨자씨도 싹을 틔워야 하는데 보통은 땅에 심긴 지 열흘이 지나면 싹이 나온다. 어떤 채소는 어떤 꿈처럼 그보다 더 오랜 기간이 걸린다.

책을 쓰고 싶다는 나의 꿈은 13년이 지나서야 싹을 틔웠다. 내가

---

8. The Sabbath Recorder, vol. 64(Plainfield, N.J.: American Sabbath Tract Society, January 6, 1908), 738 참조. 아울러 다음의 책도 참조하라. William Jennings Bryan, "The Prince of Peace" (기독교 집회에서 여러 번 행해진 강의), http://thriceholy.net/Texts/Prince.html(2012년 6월 15일 접속).

목표한 어떤 것들은 아마도 수십 년이 걸려야 이루어질 것이다. 믿음은 꿈을 지탱해 주는 힘이다. 간혹 그 꿈들이 죽어서 묻혀 있는 것처럼 보여도 믿음은 여전히 그것을 살아있게 해 준다. 씨앗이 바로 그런 것이다. 땅속에 들어가 사라져 겉보기에는 죽어 있는 것 같아도 사실은 그렇지 않다. 싹을 틔워서 땅 위로 솟아 나온다.

겨자씨를 보고도 어떤 식물의 씨인지 모른다면 장차 그것이 어떤 모습이 될지를 상상하기도 어려울 것이다. 잠재력은 그 작은 물질 안에 변장하고 숨어 있다. 당신이 핫도그에 발라먹은 겨자 소스가 땅에 심어진 작은 씨앗에서 생겨난 것인지는 몰랐을 것이다. 눈곱만큼 작은 씨앗에서 그토록 크고 우람한 나무가 자란다는 것도 몰랐을 것이다. 모든 씨앗이 다 그렇다. 도토리가 자라서 상수리나무가 된다는 걸 알고 있는가? 한 개의 검은 씨가 기막힌 맛의 붉은 과육을 지닌 초록의 수박이 된다는 것을 알고 있는가?

혹시라도 모를까 봐 하는 이야기인데, 작은 겨자씨 안에는 인간의 생존에 필요한 필수 영양소가 거의 다 들어 있다. 비타민 B1, B6, K와 더불어 칼슘, 철분, 마그네슘, 인, 칼륨, 셀렌, 아연이 풍부하게 들어 있다. 믿음도 그와 비슷하다. 겉으로는 대단해 보이지 않아도 나중에 무엇이 될지는 아무도 모른다. 적은 믿음이 오래간다. 아니, 실은 적은 믿음이 영원까지 지속된다.

씨앗이 자라는 속도

생의 끝자락에 도달한 호니는 시골 길을 거닐다가 콩 나무를 땅에 심고 있는 남자를 보게 되었다. 호니가 남자에게 물었다.

"이 나무가 자라서 열매를 맺으려면 얼마나 걸립니까?"

그러자 남자가 대답했다.

"70년이 걸립니다."

호니가 다시 물었다.

"그럼 당신은 앞으로 70년을 더 살아서 그 열매를 맛보게 되리라고 생각합니까?"

남자가 대답했다.

"아마도 그럴 수 없겠지요. 하지만 제가 세상에 태어났을 때 우리 집 앞에는 할아버지와 아버지가 심은 콩 나무들이 많이 있었습니다. 그분들이 저를 위해 그 나무들을 심으셨듯이 저도 우리 아이들과 손자 손녀를 위해 이 나무들을 심는 겁니다. 그러면 언젠가 그들이 나무 열매를 먹을 수 있을 테니까요."

그 일은 호니의 기도 개념을 바꿔 주었다. 남자의 말을 듣는 순간에 기도는 곧 심는 일이라는 사실을 깨달았다. 각각의 기도는 마치 땅에 작물을 심는 것과 같다. 얼마 동안은 사라져서 보이지 않아도 마침내는 열매를 맺고 미래 세대를 축복하게 된다. 우리의 기도는 영원한 열매를 맺는다. 심지어 우리의 육신은 죽어도 우리의 기도는 죽지 않는다. 모든 기도는 생명력 즉, 영원한 자체 생명력을 갖고 있다.

요즘은 기술의 발달로 더 쉽고 빠른 생활이 가능해졌기 때문에 영적인 진리도 현대식으로 생각하려는 경향이 있다. 우리는 씨를 뿌리는 순간에 열매가 맺히기를 바란다. 하나님이 전자레인지처럼 응답하시고, 구글 지도처럼 방향을 가르쳐 주시고, 트위터처럼 지시를 내려 주시길 기대한다. 씨앗이 땅에 뿌려져서 자라나는 속도가 아니라 빛의 속도로 모든 게 이루어지길 바란다. 그러나 성경에 나오는 모든 영적 진리는 농사 용어로 설명되어 있다. 우리는 자신의 꿈이 하룻밤 새에 이루어지고 기도가 즉각 응답되기를 바라지만 하나님의 나라는 그런 식으로 작동하지 않는다.

씨 뿌리는 사람의 인내심을 배워라.

농부의 예지력을 갖춰라.

농부의 마음을 가져라.

우리는 입력보다 출력에 더 많은 신경을 쓴다. 우리는 결코 어떤 것도 자라게 할 수 없다. 우리가 할 수 있는 건 심고 물을 주는 일뿐이다. 우리가 심고 물을 주면 하나님은 자라게 하겠다고 약속하셨다 고전 3:7.

이것은 좋은 소식인 동시에 나쁜 소식이다. 만유인력의 법칙을 우리 힘으로 거스르지 못하듯이 심고 거두는 법칙도 우리 마음대로 바꾸지 못한다. 이 세상의 어떤 농부도 콩을 심고 옥수수가 나기를 기대하지 않는다.

당신이 친절을 심었다면 친절을 거두게 될 것이다.
당신이 베풂을 심었다면 베풂을 거두게 될 것이다.
당신이 사랑을 심었다면 사랑을 거두게 될 것이다.

살다 보면 누구나 영적, 관계적, 재정적 가뭄의 시기를 지나간다. 그럴 때에는 추수의 시기가 절대 오지 않을 것처럼 느껴진다. 그래서 심기를 중단하고 싶은 유혹에 빠진다. 하지만 내가 해 주고 싶은 충고는 간단하다. 계속해서 씨를 심어라. 계속해서 기도하고, 순종하고, 베풀고, 사랑하고 섬기라. 당신이 계속해서 올바른 씨앗을 심는다면 하나님의 때에 하나님의 방법으로 축복의 추수기가 다가올 것이다.

 우리가 작은 일을 큰일처럼 하면 하나님이 큰일을 작은 일처럼 해 주신다.

인생을 바꾸는 **40**일 기도 전략

기도의 원 그리기

Draw the Circle

The 40 Day Prayer Challenge

인생을 바꾸는 **40**일 기도 전략

Day 13

하루는

"하루는 제 구 시쯤 되어 환상 중에 밝히 보매"
(행 10:3)

나는 사도행전 10장 3절에 나오는 '하루는'이라는 말을 좋아한다. 이 말에는 소망이 잉태되어 있다. 그 '하루는'이 바로 '오늘'이 될 수도 있기 때문이다. 오늘은 하나님이 나의 기도에 응답하시는 날, 기적을 베푸시는 날, 약속을 이행하시는 날이 될지도 모른다.

하루는, 하나님이 오랜 세월 붙들렸던 중독에서 벗어나게 하실 것이다. 하루는, 하나님이 수십 년간 방황하던 탕자를 집에 돌아오게 하실 것이다. 하루는, 남이 평생 걸려 모은 것보다 많은 재정을 하나님이 단번에 공급하실 것이다. 하지만 그런 '하루는'의 기적을 체험하기 위해서는 먼저 날마다 기도의 제단을 쌓아야 한다. 그리스토인 중에는 기도를 마치 복권처럼 생각하는 사람들이 있다. 기도는 단순한 투자가 아니다. 저축하면 이자가 붙듯이 날마다 기도를 저축하면 언젠가는 상상도 못 한 복리 이자를 받게 된다.

3백만 달러의 기적

내가 사도행전 10장 3절을 좋아하는 이유는 '하루는 제 구 시오후3시쯤 되어' 나에게 놀라운 기적이 일어났기 때문이다. 수요일 오후에 걸려 온 전화 한 통이 내 인생은 물론 우리 교회의 운명까지 송두리째 바꿔 놓았다. 나는 지금도 그때 들었던 말을 잊을 수가 없다.

"우리는 목사님 교회에 3백만 달러를 헌금하려고 합니다."

그 순간 나는 아무 대꾸도 할 수가 없었다. 노상 설교를 하는 목사의 말문이 막힌 것이다. 전화를 건 사람이 먼저 어색한 침묵을 깨고서 아무 조건 없이 돈을 헌금하겠다고 말했다. 그리고 자신의 이름은 밝히지 말아 달라고 했다. 그는 헌금하는 이유에 대해 이렇게 설명했다.

"마크 목사님, 저희는 목사님의 계획이 마음에 들고 목사님의 지도력을 신뢰합니다. 어떤 교회들은 재정을 제대로 관리하지 못해 헌금하기가 꺼려집니다만, 목사님은 자원을 능가하는 비전을 깆고 계시다고 생각합니다."

그 말이 계속해서 나의 귓가를 맴돌았다.

'자원을 능가하는 비전'

우리 교회는 그 말을 표어로 삼아 계속해서 원대한 비전을 추구하고 있다. 물론 재정 관리를 잘하고, 계획 실행에 들어가는 비용도 꼼꼼히 따져보고, 한 푼이라도 하나님을 경외하는 방법으로 쓰고자 노력하겠지만 그렇다고 재정에 의해 비전이 좌우되는 일은 하지 않겠다는 게 우리의 다짐이다. 재정에 얽매이는 것은 올바른 청지기 의식이 아니다. 그건 하나님의 무한한 능력이 아니라 자신의 유한한 자원을 의존하는 것이다. 하나님이 만유의 주인이라는 사실을 망각하면 그분이 주신 꿈을 도살해 버리는 실수를 저지를 수가 있다시 50:10.

결코 두려움이 당신의 결정을 좌우하게 하지 마라. 재정이 당신의 비전을 제한하게 하지 마라. 당신의 비전이 하나님이 주신 비전이 확실하다면 그건 분명 당신의 능력과 가진 자원을 능가하는 것일 것이다. 왜냐하면 그래야만 하나님이 모든 영광을 홀로 받으실 수 있기 때문이다. 그러므로 나는 한 가지를 분명히 단언할 수 있다. 비전을 주시는 하나님은 또한 그 비전을 이루게 하신다.

한 수 우위

우리 교회 교인들은 베풀기를 아주 좋아한다. 하지만 교인들의 평균 연령은 스물여덟 살이다. 즉, 대부분의 교인이 수입 절정기에 이르지 못했다는 얘기다. 그들은 힐Hill 사역자나, 도심의 학교 교사나, 커피하우스의 바리스타들처럼 충실하게 십일조를 내지만 실상은 수입이 별로 없거나 목돈을 헌금할 만큼 은행 잔고를 가진 사람들이 아니다. 오히려 학자금 대출을 갚고 결혼 자금을 모으기에도 바쁜 사람들이다. 지난 13년간 우리 교회가 받은 헌금 중에 가장 액수가 큰 경우는 누군가 집을 팔고 십일조로 4만 2천 달러를 헌금했을 때였다. 나는 우리 교인 중에 그 정도 헌금을 할 수 있는 사람이 있다는 것조차 상상해 본 적이 없었다. 그리고 그 날 이후로 기적은 우리 집안에 있다는 걸 새삼 깨우치게 되었다.

2006년 3월 15일에 우리 교회는 캐피톨 힐에 에벤에셀 커피하우스를 개업했다. 건물 가격이 총 3백만 달러인데, 은행에서 2백만 달러의 건물 담보 융자를 받았다. 어느 날 기도를 하는 중에 융자금 2백만 달러를 위해 기도해야겠다는 생각이 들었다. 나는 그 생각이 단지 빚을 청산하고 싶은 나의 욕구에서 비롯된 것인지 아니면 성령께서 내 안에 주시는 약속인지를 분별해야 했다. 자신의 욕구와 성령의 지시를 가려내는 건 언제나 어려운 일이지만 나는 그것이 성령의 지시라는 걸 90% 정도 확신하게 되었다. 물론 하나님이 어떻게 하실 계획인지는 몰랐지만 일단은 그분의 약속을 부여잡고 기도를 해야 할 것 같았다. 중보기도자 네 명에게 2백만 달러를 위해 기도해 달라고 부탁한 뒤 하나님의 공급하심을 위해 함께 간구하기 시작했다.

그렇게 몇 주가 지나가자 그 약속에 대한 생각과 기도가 조금씩 희미해졌다. 그래도 우리는 2백만 달러에 원을 그려 놓고 4년에 걸쳐 생각날 때마다 기도를 드렸다. 그러나 가끔은 조급한 마음에 새로운 사업을 시작해서 응답을 조작해내려는 유혹이 들기도 했다. 설상가상으로 2백만 달러의 꿈은 1만 5천 달러의 개인적 손실로 변모했다. 나는 모든 계획을 접어버리고 손을 털고 싶은 마음이 굴뚝 같았지만 참고 기도를 계속해 나갔다. 그러던 어느 날 오후 3시에 바로 그 전화를 받게 되었다. 놀라운 건 우리가 어떤 식의 모금 운동도 벌이지 않았다는 것이다. 우리는 사람들에게 공개적으로 헌금이나 기부금을 요청한 적이 없었다. 그저 개인적으로 기도했을 뿐이었다.

"목사님께 3백만 달러를 헌금하려고 합니다"라는 말을 듣는 순간, 나는 그것이 하나님이 하신 약속의 성취라는 걸 알았다. 다만 그 금액이 나를 약간 혼란스럽게 했다. 우리는 2백만 달러를 달라고 했지 3백만 달러를 달라고 한 적이 없었다. 그때 성령께서 내 안에 이런 말씀을 하시는 것 같았다. "마크야, 내가 한 수 위라는 사실을 잊지 말기 바란다." 물론 그 한 수는 백만 달러를 의미하는 것이었다.

어려움의 정도

내 능력과 자원을 능가하는 어떤 것을 위해 기도할 때마다 나는 더 오래, 더 큰 소리로 기도하는 습관이 있다. 그럴 때에는 아주 거창한 신학적 용어들을 동원하고 흠정역의 성경 말투까지 흉내 내며 기도한다. 그런 식의 기도가 응답에 기여할 거라는 막연한 생각 때문이다. 하지만 사실 하나님은 우리의 말보다 진심에 더 귀를 기울이시는 분이다. 하나님이 무엇보다 기뻐하시는 것은 어린아이 같은 믿음이다. 신학 용어가 아니라 어린아이 같은 믿음이 하나님 아버지의 마음을 움직인다. 하나님이 우리의 문제나, 실수나, 꿈보다 크시다는 것을 신뢰하는 단순한 믿음이 중요한 것이다.

우리는 기도할 때 간구하는 내용의 경중을 따지려는 경향이 있다. 간구하는 일이 큰가 작은가, 쉬운가 어려운가, 단순한가 복잡한가를 우리 스스로 판단하려고 한다. 그러나 아주 중요하고도 간단한 진리 하나를 밝혀둔다. 전능하고 무한한 하나님에게는 이 땅의 유한한 것들이 진부 다 같을 뿐이다.

예수님이 무덤에서 걸어 나오셨을 때 '불가능'이라는 단어는 우리의 사전에서 제거되었다. 당신이 하는 기도의 크기는 당신 하나님의 크기에 달려있다. 당신의 하나님이 작다면 당신이 드리는 기도도 인간 크기밖에 되지 않을 것이다. 그러나 당신의 하나님이 제한이 없는 분이라면 당신이 드리는 기도도 제한이 없다. 우리의 기도를 들으시는 하나님은 그분이 창조한 시공의 세계 밖에 존재하신다. 그러니 우리도 그런 기도를 드려야 하지 않겠는가.

내가 좋아하는 이야기이다. 어느 날 하나님께 이런 기도를 드린 사람이 있었다고 한다.

"하나님, 당신에게 백만 년은 얼마나 긴 시간인가요?"

그 물음에 하나님이 대답하셨다.

"내게 백만 년은 너에게 1초와 같다."

그러자 남자가 다시 물었다.

"하나님에게 백만 달러는 얼마나 값어치가 있나요?"

하나님이 대답하셨다.

"내게 백만 달러는 너에게 1달러나 마찬가지지."

그때 남자가 회심의 미소를 지으며 간청했다.

"그럼 하나님, 제게 1달러만 주시겠어요?"

하나님도 회심의 미소를 지으며 대답하셨다.

"그래. 1초만 기다리거라."

3백만 달러 헌금은 내가 간구하고 상상한 것 이상의 선물이었다. 하지만 기적은 거기에서 그치지 않았다. 3백만 달러 기적이 일어난 뒤부터 더 많은 헌금이 쏟아져 들어오기 시작했다. 이 말을 각별히 명심해 보자.

'하나님의 기적들을 잘 지키는 길은 그보다 더 크고 좋은 기적들을 믿고 간구하는 것이다. 하나님은 당신의 믿음을 강화시켜 더 크고 좋은 꿈들을 꾸게 하실 것이다.'

오늘의 기도 전략 하나님은 당신이 평생 걸려 이룰 일을 단 하루 만에 이루실 수 있다.

인생을 바꾸는 **40**일 기도 전략

Day 14

산에게 명령하라

"이 산을 명하여 여기서 저기로 옮겨지라 하면 옮겨질 것이요"
(마 17:20)

기도하다 보면 당신 인생의 산에 대해 얘기하기를 그치고 그 산에게 하나님에 대해 말해 주어야 할 때가 온다. 당신은 그분의 능력을 선포해야 하고 그분의 전능하심과 신실하심을 되새겨야 한다. 또한 그분의 말씀에 굳게 서서 그분이 하신 약속에 매달려야 한다.

골리앗은 공포심을 조장해서 이스라엘 군대를 장악했다. 그의 무기는 협박이었다. 우리의 원수도 똑같은 무기를 사용한다. 울부짖는 사자처럼 우리 주변을 어슬렁거린다벧전 5:8. 여기서 중요한 것은 '처럼'이라는 말이다. 사탄은 사기꾼이다. 예수님은 유다의 사자다계 5:5. 그래서 주님이 포효하시면 모든 것들이 두려워 떤다. 하늘과 땅의 모든 권세는 하나님의 것이고 우리는 그분의 자녀들이다. 그렇다면 하나님의 자녀답게 살고, 자녀답게 사랑하고, 자녀답게 베풀고, 자녀답게 섬기고, 자녀답게 기도해야 마땅하지 않겠는가?

"만일 하나님이 우리를 위하시면 누가 우리를 대적하리요" 롬 8:31
"너희 안에 계신 이가 세상에 있는 자보다 크심이라" 요일 4:4
"내게 능력 주시는 자 안에서 내가 모든 것을 할 수 있느니라" 빌 4:13
"하나님을 사랑하는 자 곧 그의 뜻대로 부르심을 입은 자들에게는 모든 것이 합력하여 선을 이루느니라" 롬 8:28

사탄이 광야에서 예수님을 시험할 때 예수님은 어떻게 하셨는가? 하나님의 말씀에 의지하셨다. 노련한 검투사처럼 하나님의 말씀을 사용하셨다. 말씀으로 자신을 방어했을 뿐 아니라 말씀으로 사탄에게 멋진 한 방을 날리셨다.

우리도 방어의 기도만 하지 말고 공격의 기도를 해야 한다. 우리의 상황이 하나님과 우리 사이를 가로막게 만들지 말고 하나님이 우리와 상황 사이에 개입하시도록 하라. 하나님께 우리의 문제에 대해 말하기를 그치고 우리 문제에게 하나님에 대해 말해 보라.

승리자 이상의 존재

지금은 갈보리에서 거둔 승리를 선포해야 할 때다. 우리는 단순한 승리자가 아니다. 예수 그리스도로 인해 우리는 승리자 이상의 존재가 되었다.

예수님은 "내가 이 반석 위에 내 교회를 세우리니 음부의 권세가 이기지 못하리라"고 말씀하셨다 마 16:18.

이 말씀을 자세히 들여다보라. 그리고 첫 번째 대명사에 주목하라. 예수님은 "네가 나의 교회를 세울 것이다"라고 말씀하지 않으셨다. "내가 내 교회를 세울 것이다"라고 하셨다. 여기에서의 핵심 대명사는 '나'와 '내'다. 교회는 예수 그리스도에게 속해 있다. 전쟁도 마찬가지이고 승리도 마찬가지다.

둘째로, 음부의 권세門가 이기지 못할 것이라고 말씀하셨다. 문이라는 것은 방어의 수단이므로, 이 말씀을 풀이하면 교회가 공격한다는 뜻이다. 지금은 바로 원수들에게 총공격을 퍼부을 때다. 우리가 기도하는 밀실이 곧 전쟁터다. 따라서 은밀한 기도는 우리의 비밀 병기다.

무릎을 꿇고 기도할 때 우리는 원수들과 싸움에 돌입한다. 즉각적으로 하나님 나라의 최전선으로 이송되어 통치자와 권세들과 전쟁을 벌이는 것이다. 승패는 이미 그 순간에 판가름이 난다. 우리가 기도할 때 하나님이 우리를 위해 싸우시기 때문이다.

바로 왕을 위해 기도하라

우리 교회가 캐피톨 힐에 있는 건물을 사서 커피하우스로 개조할 때 두 가지 기적이 일어났다. 첫 번째 기적은 우리가 건물을 샀다는 것이고, 두 번째 기적은 그곳이 거주지에서 상업지로 용도 변경이 되었다는 것이다.

우리는 1년 반 동안 역사보존국부터 캐피톨 힐 재개발회에 이르기까지 여러 부서를 찾아다니며 관계자들을 만났다. 지역 주민들은 우리 계획을 적극 지지하고 있었다. 3백만 달러를 들여 마약 밀거래소를 카페로 바꾼다고 하자 그들은 쌍수를 들어 환영했다. 하지만 용도 변경을 진행하는 과정에서 일부 영향력 있는 주민들이 우리 계획을 오해하고 용도 변경에 반기를 드는 일이 벌어졌다. 나는 우리를 험담하는 사람들이 링크해 놓은 인터넷 사이트에 들어갔다가 너무도 화가 나서 모든 걸 난넘해 버리고 싶을 정도였다. 그늘의 반대 때문에 커피하우스를 열겠다는 꿈은 물거품이 될 가능성이 있었고, 그 생각을 할 때마다 더욱더 분노가 치밀어 올랐다. 하지만 그때 내가 깨달은 것은 바로 왕을 제거하는 기도의 능력이었다. 알다시피 하나님이 우리 삶에서 뭔가를 하시려고 하면 꼭 그것을 가로막는 바로 왕이 있기 마련이다.

누구나 주변에 상대하기 힘든 사람들이 있다. 그럴 때 우리가 할 수 있는 일은 기도뿐이다. 올바른 태도를 유지하는 길도 기도밖에 없다. 기도는 바로 왕의 마음을 돌리는 능력을 발휘한다. 그래서 나는 화가 날 때마다 분노를 기도로 바꾸었다. 아마 쉬지 말고 기도하라는 말씀을 그때처럼 잘 지킨 적도 없을 것이다.

나는 용도 변경 승인이 날 때까지 몇 달 동안 그 이웃들을 위해 기도했다. 마침내 공청회가 열리던 날, 회의장 안으로 뚜벅뚜벅 들어가서 복도 한쪽에 있는 우리 테이블에 앉았을 때 들었던 감정이 지금도 생생하다. 전에는 맞은편에 앉은 사람들에게 불타는 적개심을 느끼고 있었다. 그런데 그 날은 이상하게도 그들이 측은하게 여겨졌다. 그리고 그들을 위해 기도했기 때문에 그들이 하는 말과 행동에 대해서도 전혀 걱정되지 않았다. 또한 용도 변경 심사위원들을 위해서도 열심히 기도해 놓은 상태였다. 결과적으로 우리는 만장일치의 용도 변경 승인을 받아냈을 뿐 아니라 명백히 하나님이 내리신 은혜의 증거였음 당시 우리를 반대했던 사람 중의 한 명은 지금 우리 커피하우스의 고정 단골이 되어 있다.

  2년에 걸친 용도 변경 싸움은 우리를 영적으로나 감정적으로나 지치게 하였다. 하지만 그로 인해 영적 인내심이 강해진 것도 사실이었다. 모든 것이 끝난 뒤에 나는 하나님께 반대파를 허락하신 것에 감사했다. 반대파가 있었기에 우리 교회는 더욱 한마음으로 똘똘 뭉쳐 일을 추진할 수 있었다. 그때 내가 배운 교훈은 원수의 공격을 두려워할 필요가 없다는 것이었다. 우리가 기도로 대응할 때 그들의 공격은 오히려 역효과를 낳을 뿐이다. 우리 삶에 고난과 반대가 많을수록 우리는 더 열심히 기도하게 되고, 우리가 열심히 기도할수록 하나님은 더 많은 기적을 일으켜 주신다.

오늘의 기도 전략 하나님께 우리의 문제에 대해 말하기를 그치고 우리 문제에게 하나님에 대해 말하라.

인생을 바꾸는 **40**일 기도 전략

Day 15

나를 위해 싸우소서

"나의 하나님, 나의 주여 떨치고 깨셔서 나를 공판하시며" (시 35:23)

우리가 하나님을 위해 싸울 때 하나님은 기뻐하신다. 하지만 하나님이 우리를 위해 싸우시도록 할 때 하나님은 더욱 기뻐하신다. 그럼 어떻게 해야 할까? 우리가 기도하면 하나님은 우리를 위해 그분의 전능한 오른팔을 펴신다. 그리고 우리를 위해 싸우신다. 그러니 선한 싸움을 계속하고 하나님이 당신을 위해 싸우시도록 하라.

기도는 바로 하나님이 우리를 위해 싸우시도록 만드는 수단이다. 우리의 손을 놓고서 하나님이 그분의 손으로 잡으시도록 하는 것이다. 우리가 하나님을 위해 싸우느냐, 하나님이 우리를 위해 싸우느냐의 차이는 기도가 만들어 낸다.

> "여호와여 나와 다투는 자와 다투시고 나와 싸우는 자와 싸우소서" 시 35:1
> "나의 하나님, 나의 주여 떨치고 깨셔서 나를 공판하시며 나의 송사를 다스리소서" 시 35:23

이 말씀에서 '다투다'라는 뜻의 히브리어를 나는 좋아한다. 이 단어는 몸싸움과 말싸움을 모두 가리키는 말이다. 따라서 이 말은 육탄전부터 법정 싸움까지 모든 싸움을 아우르는 표현이다.

몸싸움의 측면에서 볼 때 하나님은 자기 새끼를 보호하려는 어미 곰과 같다. 우리는 그분의 눈동자이기 때문에 보호 본능은 하나님에게 자연스러운 성향이다. 누군가 우리를 괴롭힌다면 그건 우리의 하나님 아버지를 괴롭히는 것과 같다.

말싸움의 측면에서 볼 때 하나님은 우리를 변론해 주는 변호사와 같다. 우리가 막다른 골목에 몰리면 하나님이 우리를 지원해 주신다. 모든 게 애매할 때는 하나님이 나서 주신다. 사탄은 우리를 비난하고 고소하지만 위대한 변호인에게는 상대가 되지 않는다.

신약에서는 그 사실이 조금 더 구체적으로 기록되어 있다. 사실 우리에게는 두 명의 중보 기도자가 있다. 우리가 미처 말하지 못히는 것을 탄식과 함께 성령께서 우리를 위해 중보해 주신다. 오늘 아침 당신이 자리에서 일어나기 훨씬 전에도 성령은 당신을 위해 기도하셨고, 오늘 밤 잠자리에 들어간 훨씬 뒤에도 성령은 당신을 위해 기도하실 것이다시 32:7. 그래도 당신 안에 거룩한 자신감이 생기지 않는다면 대체 무엇이 자신감을 줄 수 있단 말인가? 하지만 우리를 위해 중보하시는 이는 성령만이 아니다. 하나님의 아들도 우리를 위해 중보하고 계시다. 그분들은 우리 삶에서 하나님의 뜻이 이뤄지기를 기도하신다. 우리는 날마다 곱절의 기도를 받고 있는 셈이다. 그분들은 항상 우리 주변에 원을 그려 놓고 중보의 간구를 드리고 계시다.

몇 해 전에 나는 어떤 비난을 받아도 그에 대해 변명하지 않기로 결심했다. 인생은 짧고 사역은 막중하다. 또한 나는 공격하라는 사명을 받았지, 방어하라는 사명을 받지 않았다. 나의 방어자는 하나님이다. 내가 옳은 일을 하고 내 마음이 바르다면 하나님이 나를 위해 싸워 주실 것이다.

우리에게는 책망과 격려의 말을 해 줄 사람이 필요하다. 대개는 주변의 가까운 사람들이 그런 역할을 한다. 나는 누군가에게 비난을 들을 때면 그 말을 하는 사람의 영을 분별하고자 노력한다. 나를 도우려는 의도인가, 아니면 나를 해치려는 의도인가. 나는 그 비난을 성경의 여과기로 걸러 본다. 여과기를 통과한다면 나는 회개해야 한다. 그러나 여과기를 통과하지 못한다면 그 비난에 속상해하지 않는다. 그때는 하나님이 나를 위해 대신 변호하고 싸우시도록 한다.

어떤 전쟁에는 기꺼이 죽을 각오가 되어 있지만 어떤 전쟁에는 죽을 마음이 없다. 나는 비난과 험담이라는 전쟁에 끼어들지 않을 것이다. 그런 싸움은 도움도 되지 않고 에너지만 낭비한다. 그런 공격을 무시하는 것이 계속해서 원수들을 공격하는 길이다.

최초의 공식 기도회

1774년 9월 7일에 필라델피아의 카펜터스 홀에서는 대륙회의가 열렸다. 그들이 했던 첫 번째 공식 행사는 기도였다. 그것은 의식에 불과한 형식적인 기도가 아니었다. 옛날 방식의 진지하고도 비장한 기도 모임이었다.

미국의 건국 영웅들은 열정적으로 기도했다. 당시의 목격자들에 따르면 몇 블록 떨어진 지점에서도 그들의 기도 소리가 들릴 정도였다고 한다. 또 목격자들에 따르면 헨리, 랜돌프, 러트리지, 리, 제이는 하나님에 대한 경외심으로 몸을 굽혀 절을 하기도 했다고 한다. 훗날 존 애덤스는 그것이 "모든 사람에게 굉장한 영향을 주었다"라고 회고했다.주9) 당연히 조지 워싱턴 장군도 그 자리에서 무릎을 꿇었다. 하나님의 도움이 없이는 자신들의 대의가 실패한다는 것을 그 혁명가들은 누구보다 잘 알고 있었다.

그날 아침 대륙회의의 기도를 인도했던 사람은 제이콥 두체 목사였다. 그리고 그가 읽은 성경말씀은 시편 35편이었다. 그는 하나님이 다윗을 위해 싸우셨던 것처럼 그들을 위해 싸워달라고 간구했다. 그의 기도는 단순히 미국 역사의 한 조각이 아니라 미국 운명의 한 조각이었다.

오, 전능하고 높으시며 왕의 왕이자 주의 주이신 하나님 아버지, 당신은 높은 보좌 위에서 이 세상 만민을 굽어보시며 놀라운 능력으로 통치하시고 모든 나라와 제국과 정부를 다스리고 계십니다. 자비로우신 아버지께 간구하오니 압제자의 손아귀에서 당신에게로 도피한 우리 미연방국이 당신의 은혜로운 보호 아래서 이제부터 영원히 오직 당신만을 의지하게 하소서······.

살아계시고 지혜가 충만하시며 저희의 모임을 주관하시는 하나님 아버지, ······ 이곳에 있는 저희와 저희가 대표하는 수많은 국민에게 이 세상에서 적합한 축복을 부어 주시고 앞으로 다가올 영

---

9. Charles Adams, ed., Familiar Letters of John Adams and His Wife Abigail Adams, during the Revolution (Boston: Houghton Mifflin, 1875), 38.

광의 세상에서 면류관을 쓰게 해 주시옵소서. 이 모든 것들을 우리의 구세주이신 예수 그리스도의 은총과 이름을 힙입어 간구 드리옵나이다. 아멘.[주10)]

우리의 기도에는 만기일이 없다. 그래서 이 기도는 238년이 지난 지금도 여전히 응답받고 있다. 미국인들에게는 이것이 기도 족보의 일부분이다. 말하자면 시조 기도인 셈이다. 이 기도는 혁명이 일어나기에 앞서 가장 먼저 했던 기도이며, 그 뒤에 태어날 모든 미국인을 위한 기도이자 여전히 응답받고 있는 기도다. 이 기도를 빼고는 미국의 기적을 설명할 길이 없다. 하나님이 우리를 위해 싸워 주셨다.

이것이 미국의 역사이며 미국의 운명이다.

그렇다고 미국이 항상 옳은 일만을 하고 아무런 오류가 없다는 얘기가 아니다. 역사상의 모든 나라와 마찬가지로 미국도 죄와 악으로 물들어 있다. 그러나 지금 우리가 경험하고 있는 축복은 분명 하나님의 은혜로 인한 것이다.

당신이 하나님의 편이라면 하나님도 당신 편이다.

---

10. The Office of the Chaplain: United States House of Representatives, "First Prayer of the Continental Congress, 1774," http://chaplain.house.gov/archive/continental.html (2012년 6월 15일 접속).

당신이 하나님을 위해 싸울 때 하나님도 당신을 위해 싸우실 것이다.

하나님이 당신이 하는 일을 옹호하신다면 그 일은 100% 성공하게 되어 있다는 걸 확신하고 거룩한 자신감으로 살아가라. 물론 그 과정에서 희생과 실수를 하게 될 것이다. 그러나 승리는 이미 보장된 것임을 잊지 마라.

오늘의 기도 전략

우리가 하나님을 위해 싸우느냐, 하나님이 우리를 위해 싸우느냐의 차이는 기도가 만들어 낸다.

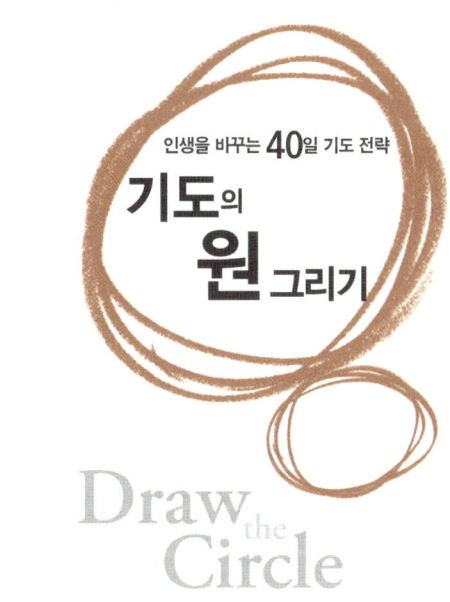

인생을 바꾸는 **40**일 기도 전략

기도의 원 그리기

Draw the Circle

The 40 Day Prayer Challenge

인생을 바꾸는 **40**일 기도 전략

Day 16

놀라게 하시는 하나님

"바람이 임의로 불매"
(요 3:8)

몇 해 전의 일이다. 평소처럼 정해진 시간에 가졌던 교역자 모임이 기도 모임으로 돌변해서 우리 교역자들은 모두 바닥에 무릎을 꿇고 간절한 기도를 드렸던 적이 있다. 나는 아예 바닥에 얼굴을 대고 엎드렸고, 그 순간에 드린 기도는 이후 수없이 내 입에서 되풀이되었다. 아니, 아예 기도 주문처럼 되어버렸다.

주여, 저희를 놀라게 하소서.

이 기도는 어떤 면에서 아주 위험한 기도다. 우리의 계획을 하나님의 제단 위에 올려드리고 손을 떼야 하기 때문이다. 우리는 하나님의 때를 신뢰해야 한다. 하지만 그런 기도는 하나님이 뭔가 예외적인 일을 즉, 우리 계획을 능가하는 어떤 일을 하셔서 절대로 우리가 했다고 자랑할 수 없게 해 달라는 진심 어린 소망이 바탕에 깔렸어야 한다. 놀라운 건 하나님이 우리의 그 기도를 수천 번도 넘게 수천가지 방법으로 응답하셨다는 사실이다.

그중에서도 가장 극적인 응답은 그 기도를 드린 몇 주 뒤에 일어났다. 우리 가족은 안나 호수에 있는 지인의 별장에서 휴가를 보내고 있었다. 우리가 사는 워싱턴 D.C.에서 남쪽으로 약 150km 떨어진 곳이었다. 그런데 도착한 첫날 누군가 별장 문을 두드렸다. 이웃에 사는 해리라는 남자가 우리가 묵고 있는 별장을 구경하러 온 것이다. 언뜻 보기에 별로 나쁜 사람 같지 않아서 나는 그에게 들어오라고 말했다.

얼마 후에 해리는 자신의 거룻배를 우리 가족이 사용하도록 빌려 주겠다고 말했다. 열쇠를 가지러 그의 오두막에 들어갔을 때 탁자 위에 놓여 있는 책 한 권이 내 눈에 들어왔다. 그것은 우리 교회 교인이었던 전 상원의원이 쓴 책이었다. 그것을 보는 순간 그분의 친구이자 나의 멘토였던 딕 포스를 그가 알고 있을지 모른다는 생각이 들었다. 과연 해리는 딕을 알고 있었다. 나는 딕에게 헌정사를 썼던 내 책 《화려한 영성》 한 권을 해리에게 보내 주겠다고 말했다. 휴가가 끝난 뒤에 내가 보낸 책을 받은 해리는 책이 몹시 마음에 든다며 자신의 친구인 톰에게 그 책을 추천해 주었다.

해리를 만난 지 1년 정도가 지났을 때 톰에게서 전화가 걸려 왔다. 그는 글렌에코 침례교회GEBC의 집사라고 자신을 소개했다. 한때 그 지역에서 부흥 가도를 달렸던 GEBC는 현재 교인이 열두 명까지 줄어들었다고 한다. 그래서 자신의 교회에 속한 두 개의 건물을 우리 교회에 증여하고 싶은데 건물들의 시가는 2백만 달러라고 했다. 나는 벌어진 입을 다물 수가 없었다. 그건 복권 1등에 당첨되었다는 말보다도 믿기 힘든 말이었다. 심지어 복권을 산 적도 없는 사람에게. 그것이 당시 내가 느낀 기분이었다.

무엇보다 나를 감동하게 했던 것은 GEBC 교회가 자신들의 상황을 용기 내어 인정한 점과 그들의 건물을 다른 교회에 관대하게 증여한 사실이었다. 우리는 무어라 표현 못 할 정도로 깜짝 놀랐고 숙연해졌다. 그때 우리가 '주여, 저희를 놀라게 하소서'라고 했던 기도가 생각났다.

침례교회는 원래 다른 교단 소속의 교회에 자신의 교회 건물을 기증하지 않는다. 내가 알기에 그런 일은 전례가 없었던 일이다. 하지만 하나님은 언제나 소맷자락 안에 놀라운 선물을 준비하고 계신다. 그리고 우리가 기도할 때 깜짝 파티를 열어 주신다.

모든 기적과 축복과 예정된 만남에는 족보가 있다. 그것을 거슬러 올라가 보면 하나님의 전능한 역사를 가능케 한 시조 기도를 만날 수 있다. 아니 그럼, 우리의 기도 없이는 하나님이 아무것도 하실 수 없다는 말인가? 물론 아니다. 하나님은 얼마든지 하실 수 있다. 다만 하시지 않을 뿐이다.

전지전능하고 무소부재하신 하나님은 어떤 일에 있어 오직 기도의 응답으로만 역사하시길 원하신다. 성경도 그 사실을 명백히 뒷받침하고 있다.

"너희가 얻지 못함은 구하지 아니하기 때문이요" 약 4:2

우리가 구하지 않으면 하나님은 응답하실 수 없다. 이 얼마나 간단한 이치인가. 인생의 가장 큰 비극은 구하지 않아서 응답받지 못하는 것이다. 그렇다고 내가 하나님의 주권과 인간의 자유의지가 어디에서 만나는지를 통달한 척은 하지 않겠다. 하지만 그 사실을 염두에 둘 때 나는 모든 게 나에게 달린 것처럼 노력하고 모든 게 하나님께 달린 것처럼 기도하게 된다. 우리가 이런 자세로 살아간다면 하나님은 계속해서 우리를 놀라게 하실 것이다.

하나님은 톰과 딕과 해리를 알고 계신다

우리 집에는 선조 때부터 내려오는 몇 가지 격언이 있다. 말하자면 우리 집의 가훈과도 같은 것이다. 누가 먼저 그 말을 했는지는 모르겠지만 우리 할머니는 내게 이런 말씀을 들려주시곤 했다. "언제든지 가끔이든지 사람일이란 모르는 거다." 이 알쏭달쏭한 말을 간단히 풀이하자면 '무슨 일이든 일어날 수 있다'는 뜻이다.

그럼 이 말을 기도의 상황에 대입해서 표현해 보자. 당신이 어떤 말씀에 원을 그리고 기도한다면 언제든지 가끔이든지 당신 일은 알 수 없다. 즉, 어떤 일이든 일어날 수 있다. 하나님이 언제, 어디에서, 어떤 식으로 응답하실지 당신은 절대 알지 못한다. 기도는 당신의 인생에 '놀라움'을 안겨 준다. 그것은 깜짝 파티나, 깜짝 선물이나, 깜짝 이벤트를 능가하는 것이다.

하나님은 내게 그런 것을 수없이 많이 안겨주셨기 때문에 이제는 그분의 깜짝 선물에 더는 깜짝 놀라지 않을 정도가 되었다. 그렇다고 그것을 좋아하지 않는다는 이야기가 아니다. 하나님이 일하시는 신비하고 불가사의한 방식에 여전히 감탄을 금치 못하지만, 하나님이 하도 그런 의외의 방법을 많이 사용하셨기 때문에 기대 못한 걸 기대하는 게 예삿일이 되었다는 뜻이다. 그나마 내가 확실하게 단언할 수 있는 건 기도를 하면 할수록 하나님이 마련한 거룩한 놀라움을 더 많이 경험한다는 사실이다.

나는 요한복음 3장에 있는 바람의 비유를 좋아한다. 성령이 역사하시는 방법을 이보다 적절하게 묘사한 말은 없다고 생각한다. 성령은 예측 불능, 제어 불능의 분이시기 때문에 우리에게 불안과 설렘을 동시에 선사해 주신다. 다만 선택은 우리의 몫이다. 바람에 대해 예수님은 이렇게 말씀하셨다. "네가 그 소리는 들어도 어디서 와서 어디로 가는지 알지 못하나니"요 3:8. 성령도 그와 똑같다는 의미다. 다시 말해 언제든지 가끔이든지 우리 일은 알 수가 없다. 한 가지 아는 것은 예수님을 따를 때 우리의 삶은 절대로 따분하지 않다는 것이다.

예전의 그 사건을 떠올릴 때마다 나는 지금도 혀를 내두르지 않을 수가 없다. 대체 무엇이 그날 해리로 하여금 우리 집 문을 두드리게 했을까? 만일 그가 우리를 찾아오지 않았다면 내가 그의 오두막에 가서 탁자 위에 놓인 책을 보지도 못했을 것이고, 딕 포스를 거론하지도 않았을 것이고, 해리에게 《화려한 영성》를 주지도 않았을 것이다. 물론 그 책이 톰이라는 사람의 손에 들어갈 리도 없었을 것이다. 그러나 하나님은 톰도, 딕도, 해리도 알고 계셨다. 그리고 그 모든 만남의 때와 장소와 방법을 뒤에서 총지휘하고 계셨다.

주여, 우리를 놀라게 하소서!

 **오늘의 기도 전략** **하나님은 언제나 소맷자락 안에 놀라운 선물을 준비하고 계신다.**

인생을 바꾸는 **40**일 기도 전략

Day 17

지체하지 마소서

> "주여 귀를 기울이시고 행하소서 지체하지 마옵소서
> 나의 하나님이여 주 자신을 위하여 하시옵소서"
> (단 9:19)

우리 교회에서 40일 작정 기도회를 하는 동안 나와 교인들은 치유, 취직, 가정, 구원과 같은 기도 제목들에 원을 그리며 중보 기도를 했다. 그리고 그런 기적들이 실제로 일어나는 것을 목격했다. 하지만 그 중간에는 과속방지턱이 나타나곤 했다. 열심히 기도하는 것은 원수의 저항을 잠재우는 길이 아니라 보통은 더 강화하는 길이다. 이유는 우리가 영적 전쟁을 하기 때문이다. 사실 누군가를 위해 중보 기도를 할 때는 다른 사람의 중보 기도를 받는 것이 좋다. 그래야 뒤에서 지원 사격을 받게 된다.

우리가 원하는 대로 빠르고 쉽게 응답을 받는 경우는 극히 드물다. 열심히 기도하는 이유도 그만큼 응답받기가 힘들고 어렵기 때문이다. 하지만 기도를 포기하고 싶을 때 가장 큰 돌파구가 열리기도 한다.

우리 교회의 어떤 여성도는 남편의 취직이 기도 제목이었다. 그녀의 남편 켈리는 연방검찰청에서 일하기를 희망하고 있었는데, 기도를 시작한 지 이틀째가 되는 날 두 번째 면접을 봤지만 떨어지고 말았다. 켈리로서는 이만저만한 실망이 아니었다. 대부분의 사람은 그럴 때 기도를 단념하지만 켈리의 아내는 아니었다. 그녀는 계속해서 기도를 멈추지 않았다.

40일 기도가 시작되는 첫날에 저는 알렉산드리아의 연방검찰청에 이력서를 제출한 남편을 위해 기도했습니다. 하나님께 '제발 늦게 응답하지 마세요'라고 간구했지만 다니엘의 기도는 아니었습니다. 남편이 면접에서 떨어졌을 때 무척 낙심이 되었지만 저는 계속해서 기도했습니다. 남은 기도 기간에 저희 부부에게 힘을 달라고 간구했지요.

40일 기도를 끝마치기 3일 전에 저는 성경의 다니엘서를 읽게 되었습니다. 《써클 메이커》에서 성경을 보며 기도하라는 권고를 보고 그렇게 하기로 결심한 것입니다. 저는 다니엘서 9장 19절의 말씀대로 기도했습니다. '오! 주님, 들으소서. 오! 주님, 용서하소서. 오! 주님, 귀를 기울이시고 행하소서. 지체하지 마옵소서. 하나님 자신을 위하여 허락하시옵소서. 주의 성과 주의 백성이 주의 이름으로 일컬어지기 때문입니다.

기도가 끝나는 마지막 날에 하나님은 온종일 금식을 하라는 마음을 주셨습니다. 그래서 저는 또다시 남편의 취직을 위해 기도했고, 다니엘의 기도를 인용하며 하나님이 지체 없이 응답하시기를 간구했습니다. 그런데 정말로 하나님은 지체하지 않으셨습니다. 40일 기도가 끝난 다음 날 남편에게서 음성 녹음이 오기를, 콜롬비아 주 법원 서기로 9월부터 일해 달라는 제안을 받았다는 것이었습니다. 저는 즉시 탁자 옆에 무릎을 꿇고 하나님이 베풀어주신 기적에 감사했습니다. 그것은 저의 지속적인 기도와 금식에 대한 최고의 선물이었습니다. 하지만 그것이 끝이 아니었습니다. 이번 주에 또 다른 취업 제안이 들어왔는데 그것은 당장 출근해서 새로운 직장에 출근하기 전날 끝나는 일이었습니다. 하나님은 우리가 간구한 이상의 것을 허락하셨습니다. 한 개가 아니라 두 개의 취업 제안을 받았으니까요.

우리의 가장 강력한 기도는 하나님의 약속에 연결되어 있다. 하나님의 약속을 붙잡고 기도하는 사람은 거룩한 자신감을 갖고 담대하게 기도할 수 있다. 하나님의 말씀은 절대로 헛되어 돌아오지 않는다사 55:11. 그러므로 회의에 빠져서는 안 된다. 그렇다고 뜬금없는 말씀을 약속으로 오인하면 곤란하다. 하지만 보통은 하나님의 약속을 너무 과신하는 게 아니라 너무 불신하는 게 문제다.

"그리스도 안에서 하늘에 속한 모든 신령한 복을 우리에게 주시되" 엡 1:3

"하나님의 약속은 얼마든지 그리스도 안에서 예가 되니" 고후 1:20

"정직하게 행하는 자에게 좋은 것을 아끼지 아니하실 것임이니이다" 시 84:11

우리가 하나님의 말씀에 굳게 서 있으면 하나님도 그분 말씀을 굳게 지키신다.

최근에 이 원칙을 기발한 방법으로 실행했다는 어느 부부로부터 이메일을 받았다. 그들은 건축 재료상에 가서 넓적한 돌들을 사다가 열 가지 성경의 약속들을 하나씩 새겨서 집 안뜰에 깔았다고 한다. 그리고 날마다 기도 중에 그 약속들을 되새겼다고 한다. "나중에 우리 아이들이 생긴다면 이 돌들을 물려 주면서 기도하는 법과 하나님의 약속에 굳게 서는 법을 알려 주고 싶어요"라고 그들은 말했다.

ALAT

얼마 전까지만 해도 나는 모든 기도에 ASAP가능한 한 빨리라는 문구를 덧붙였다. 그렇게 가능한 빨리 기도 응답을 받고 싶었지만 지금은 아니다. 이제는 빠르고 쉬운 대답을 원하지 않는다. 너무 빨리 손쉽게 받은 축복은 잘못 다룰 가능성이 높아진다. 또한 그것을 내 공으로 여기거나 당연한 것으로 생각할 수도 있다. 그래서 지금은 하나님이 모든 영광을 받으실 수 있도록 충분한 시간과 노력이 들어간 뒤에 응답해 달라고 기도한다.

나는 저항이 최소화되는 길을 찾지 않는다. 영광이 극대화되는 길을 찾는다. 그러기 위해서는 고도의 힘겨운 기도와 수많은 원 그리기가 있어야 한다.

한 번의 기도가 '하나님의 선하시고, 기뻐하시고, 완전한 뜻'이라는 과녁에 명중하는 일은 거의 없다. 대부분의 기도가 수정과 보완의 과정을 거쳐야 한다. 심지어 호니가 했던 '한 세대를 구한 기도'도 한 번에 과녁을 명중시킨 기도가 아니었다. 호니는 자신의 간구를 두 번에 걸쳐 수정했다.

주님, 제가 간구한 것은 이런 비가 아닙니다.

그는 가랑비나 소낙비에 만족하지 않았다. 그래서 세 번 만에야 자신이 원한 것을 정확하게 이야기했다.

당신의 은혜와 축복과 자비의 비를 내려 주소서.

호니는 모래사장에 원 하나를 그렸다. 그리고 그 원 안에 들어가서 다시 또 하나의 원을 그렸다.

나는 ASAP 기도를 하지 않고 ALAT 기도를 드린다. ALAT란 '얼마가 걸리든지 as long as it takes' 그 기간을 다 채우고 응답해 달라는 뜻이다. 나는 기도의 원 안에 들어가서 하나님이 응답하실 때까지 나오지 않을 것이다. 그건 하나님의 손을 강제로 움직이겠다는 뜻이 아니다. 우리가 어떻게 하나님을 움직일 수 있겠는가. 다만 자신감을 갖고 기도한다는 의미다. 나는 하나님이 약속을 남발하거나 응답을 머뭇거리지 않으신다고 확신한다. 그분은 언제나 약속을 이행하시되 그분의 때에 약속을 이행하신다.

 **오늘의 기도 전략** 하나님은 결코 이르지도 늦지도 않게 제때에 행하신다.

인생을 바꾸는 **40**일 기도 전략

Day 18

계속 돌아라

> "일곱째 날에는 그 성을 일곱 번 돌며"
> (수 6:4)

1994년에 워싱턴 D.C.로 이사 온 토니는 캐피톨 힐 지역을 위해 싸우는 용사가 되었다. 그의 관심사는 순진한 아이들이 음란물에 빠져드는 것이었다. 문제의 발단은 아이들이 보는 케이블 TV 방송에 있었다. 만화 채널 옆에 성인물 채널이 나란히 붙어 있으니 아이들이 무심코 채널을 돌리다가 음란물을 보게 되는 것이었다. 토니는 케이블 방송사가 음란물 채널들을 변경할 것에 대한 법안을 마련한 뒤에 435명의 하원의원 사무실과 100명의 상원의원 사무실을 차례로 방문하기로 했다. 그와 동시에 캐피톨 힐 지역에 일곱 번에 걸쳐 원을 그리며 기도하기로 결심했다.

이 싸움은 기도가 없이 이길 수 없는 싸움이란 걸 토니는 처음부터 잘 알고 있었다. 아울러 우리가 하나님을 위해 싸우느냐, 하나님이 우리를 위해 싸우시느냐의 차이는 기도가 만들어 낸다는 것도 알고 있었다.

일곱 번에 걸쳐 원을 그리며 기도한 토니는 국회의원 사무실을 하나하나 찾아다니며 접견을 요청했다. 개중에는 그의 노력에 박수를 쳐주는 의원들도 있었지만, 대부분은 그의 노력이 너무 늦었고 미약하다고 말했다. 방송통신 법안이 이미 개정 작업을 거쳐 국회에 상정되었다는 것이었다. 국회 위원회 회장이 다시 회의를 열어 토니가 제안한 법안을 포함할 가능성은 거의 없다고 그들은 입을 모았다. 만일 그렇게 된다면 다른 법안들도 전부 수정을 하지 않을 수 없기 때문이라는 것이었다. 220번째로 방문한 국회의원 사무실을 걸어 나오면서 토니는 실망감과 패배감을 감출 수 없었다. 모든 걸 포기하고 싸움을 단념하고 싶은 마음뿐이었다. 하지만 그때 그에게 불타는 떨기나무의 기적이 일어났다.

저는 롤워스 빌딩 2층에 있었습니다. 창문 앞으로 가서 차가운 대리석 창턱에 걸터앉아 깊은 실망감에 고개를 숙이고 있었지요. 그리고 저 자신에게 말했습니다. '더 이상 시간 낭비하지 말고 그냥 샌디에이고로 돌아가자.' 바로 그때, 마음속에 하나님의 음성이 들려왔습니다.

그전이나 이후에도 그렇게 생생하고 또렷한 하나님의 음성은 들은 적이 없었습니다. 창가에 앉아서 대리석 바닥을 멍하니 내려다보고 있을 때 마치 누가 옆에서 이야기하듯 또렷한 음성으로 주님이 말씀하셨습니다. '누가 이 일을 하고 있느냐? 너냐, 아니면 나냐?' 그 말을 듣는 순간에 느꼈던 기분은 말로 형용할 수가 없지만 저는 즉시 자세를 고쳐 앉아서 대답했습니다. '주님이십니다!' 그렇게 대답을 하고 나자 제 안에는 처음 그 일을 시작했을 때보다 더한 설렘과 전율이 온몸을 휘감았습니다. 그리고 그다음에 방문한 의원 사무실에서는 강화된 믿음으로 제 목소리에 더욱 힘이 들어갔습니다.

토니는 캐논 의사당 건물에서 마지막으로 자신이 마련한 법안을 제의했지만 결과는 여전히 패배한 소송과 다름없어 보였다. 그러나 하나님이 끝났다고 하시기 전에는 결코 끝난 것이 아니다. 당신이 하는 일이 하나님이 주신 일이라면 싸움은 하나님께 속한 것이다. 승리는 그분의 몫이지 당신의 몫이 아니다.

지금 이야기하는 건 절대로 과장이 아닙니다. 설레는 마음으로 435번째의 의원 사무실을 막 들어서는 데 저를 부르는 호출 신호가 울렸습니다. 위원회 회장이 저의 수정안을 방송통신법에 포함시키기로 했다는 것이었습니다.

우리를 도우시는 하나님은 그분의 실력을 유감없이 발휘하신다.

하나님의 타이밍은 정말 완벽하지 않은가? 결코 늦지도 이르지도 않게 딱 제때에 맞추어 일하신다. 마지막 사무실을 막 들어섰을 때 토니의 호출 신호가 울린 것이 우연이라고 생각하는가? 아니다. 나는 우연을 믿지 않는다. 하나님의 섭리를 믿는다. 하늘에는 하나님이 계셔서 우리의 발걸음을 인도하시고, 선한 일을 앞서 준비하게 하시고, 모든 일을 합력하여 선을 이루게 하시고, 우리를 위해 싸우신다고 믿는다. 그리고 우리가 기도할 때 분명 문제가 해결된다고 믿는다.

용기를 잃지 마라. 소망을 잃지 마라. 믿음을 잃지 마라. 인내심을 잃지 마라.

당신은 지금 신앙에서 멀어진 자녀를 위해 기도하고 있는가? 아니면 배우자와의 원만한 관계를 위해 기도하고 있는가? 아니면 치유의 기적이나, 재정적인 기적이나, 기회의 기적을 달라고 기다리고 있는가?

계속 간구하라. 계속 찾으라. 계속 두드리라.

하나님이 우리 생각대로 행하시는 예가 거의 없어서 그분의 이상하고도 기묘한 방법에 의문이 들 수도 있다. 이스라엘 백성들도 하나님이 세우신 여리고 성 함락 계획에 의문이 들었을 것이다. 성문을 공략한다든가 성벽을 부수는 게 아니라 그 도시를 7일 동안 돌라니 얼마나 엉뚱하고 어이없는 전략이란 말인가? 아마도 이런 식으로 뭐가 될까 싶었을 것이다. 그래도 그들은 계속해서 성을 돌고 또 돌았다.

때로 하나님은 우리를 한계 상황으로 몰아가신다. 그래서 우리의 믿음과 인내와 재능이 한계치에 이르게 하신다. 하지만 그로 인해 우리 믿음은 강화되고 인격은 성숙하게 하신다. 하나님이 아브라함에게 아들 이삭을 희생 제물로 바치라고 했던 것을 기억하는가? 그때 하나님이 개입해서 수풀 속의 숫양을 보내 주시지 않았는가? 하지만 숫양을 보내 주신 시점은 아브라함이 이삭을 제단 위에 올려놓고 온몸을 묶은 뒤 칼을 들었을 때였다. 논리의 한계점에 이를 때까지 아브라함을 몰아세우고 하나님을 전적으로 신뢰하는지를 시험하신 것이다. 아브라함은 그 시험을 통과해서 믿음의 산 증인이 되었다.

역사학에는 '반사실적 추리'라는 기법이 있다. 어떤 역사적 사건을 놓고 '만일 …… 했더라면'이라는 질문을 던져 보는 것이다. 그래서 그 사건이 다른 방식으로 일어났다면 인류 역사가 어떻게 바뀌었을지를 상상해 보는 것이다. 그럼 여기서 성경 역사를 놓고 반사실적 추리 기법을 한번 적용해 보도록 하자.

만일 이스라엘 백성이 6일째 되는 날에 여리고 성 돌기를 멈추었다면 어떻게 되었을까? 만일 엘리야가 비를 오게 해 달라고 여섯 번째 간구를 드린 뒤에 기도를 멈추었다면 어떻게 되었을까? 만일 나아만이 강물에 여섯 번만 몸을 담근 뒤 그대로 나왔더라면 어떻게 되었을까? 이 장의 예화로 돌아가서 토니가 220번째 사무실에서 법안 제안을 포기했다면 어떻게 되었을까?

대답은 뻔하다. 기적이 일어나기 직전에서 모든 게 멈추었을 것이다.

당신이 과거 40일, 혹은 40주, 혹은 40년간 어떤 기도 제목을 놓고 기도하고 있는지 모른다. 당신이 '그래', 혹은 '안 돼', 혹은 '아직' 중에서 어떤 대답을 들었는지도 모른다. 만일 '그래'라는 대답을 들었다면 하나님을 찬양하고, '안 돼'라는 대답을 들었다면 그분을 신뢰하고, '아직'이라는 대답을 들었다면 계속해서 기도해야 할 것이다. 무엇이든 포기하기는 너무 이르다. 당신에게는 다른 대안도 없지 않은가? 기도하든지, 기도하지 않든지 둘 중의 하나일 뿐이다. 그리스도인에게 있는 대안은 그것밖에 없다.

내가 꾸었던 꿈들은 그 어느 것도 쉽거나 빠르게 이루어지지 않았다. 내가 교회를 개척하던 초기에는 보람을 느낄 만한 기쁜 일이 하나도 없었다. 아무리 노력해도 결과가 보이지 않을 때는 그냥 모든 걸 포기하고 싶었다. 우리 교회 평균 출석 교인이 스물두 명이었으니 그 스물두 명이 더 나은 교회를 찾는 게 뭐가 어렵겠는가? 하지만 나는 현재형으로 생각하기로 했다. 기도를 멈추고 포기한다면 그건 현실과 타협하는 것뿐 아니라 미래에 받을 모든 약속과 기적과 축복도 몰수당하는 셈이었다. 내가 만일 포기를 했다면 당시 우리 교회의 스물두 명 교인들만이 아니라 미래에 우리가 영향을 끼칠 수많은 사람까지 몰수당하는 결과를 낳았을 것이다.

이스라엘 백성이 여리고 성 돌기를 멈추었다면 약속의 땅에서의 첫 번째 승리는 맛볼 수 없었다. 하지만 손실은 그것만이 아니었다. 어쩌면 약속의 땅 전체를 상실할 수도 있었다. 다행히 그들은 멈추지 않았고 계속해서 성을 돌았다. 당신도 계속해서 기도한다면 성벽은 무너질 것이다. 끈질기게 기도하는 자에게 돌파구는 반드시 열리게 되어 있다.

기도하라. 계속해서 기도하라!

 배 밖으로 나오지 않으면 절대로 물 위를 걸을 수 없다.

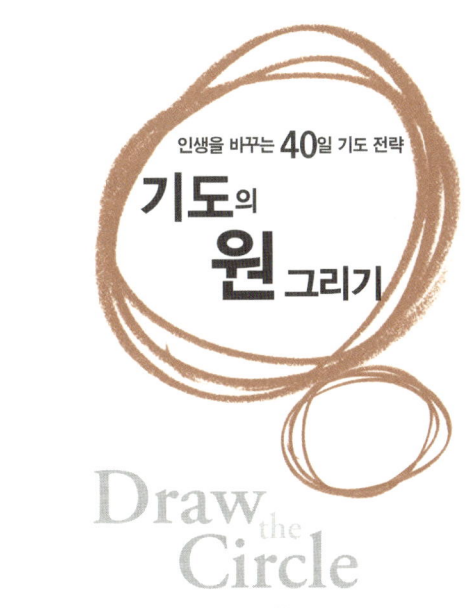

기도의 원 그리기

인생을 바꾸는 **40**일 기도 전략

Draw the Circle

The 40 Day Prayer Challenge

인생을 바꾸는 **40**일 기도 전략

Day 19

기념 제사

"네 기도와 구제가 하나님 앞에 상달되어 기억하신 바가 되었으니"
(행 10:4)

우리 할아버지는 밤마다 침대 옆에 무릎을 꿇으시고 귀에서 보청기를 빼신 뒤에 가족을 위해 기도하셨다. 할아버지는 보청기가 없어서 기도하는 소리를 듣지 못하셨지만, 집안에 있던 다른 가족들은 그 소리를 들을 수 있었다. 누군가 자기 이름을 부르며 중보 기도해 주는 것만큼 마음에 감동을 안겨주는 일은 없다. 할아버지의 기도는 내 어린 시절의 소중한 추억으로 남아 있다.

할아버지는 내가 여섯 살 되던 해에 돌아가셨지만 그분의 기도는 죽지 않았다. 우리의 기도는 결코 죽지 않는다. 우리가 기도할 때 그 기도는 4차원의 세계를 벗어나서 시공의 제한을 받지 않는 곳으로 옮겨진다. 그 이유는 기도에 응답하시는 하나님이 4차원의 세계 밖에 존재하시기 때문이다. 시간을 초월한 그분의 응답이 언제 우리 삶에 이루어질지는 아무도 모른다. 그렇기에 우리는 거룩한 기대감과 소망을 갖고 살아야 한다. 무시로, 어느 곳에서든, 어떤 방법으로든 응답하실 수 있는 그분의 능력을 절대 과소평가하면 안 된다. 우리의 기도는 유한하지만 그분의 응답은 무한하다. 그리고 한 번 이상 응답하실 수도 있고 영원토록 응답하실 수도 있다.

사도행전 10장 4절에 보면 우리의 기도가 기억할만한 제사가 된다고 했다. 하나님이 당신의 기도를 당신이 원하는 대로 원하는 때에 응답하신다고 약속할 수는 없지만, 하나님이 분명히 응답하신다는 것만은 약속할 수 있다. 그분은 언제나 응답하신다. 내 인생의 중요한 시점에서 성령은 나의 영에게 이렇게 속삭이셨다.

마크, 네 할아버지가 드렸던 기도가 지금 네 인생에서 응답을 받고 있다.

그 신성한 순간들은 지금도 내 생애 가장 벅찬 감동으로 남아 있다.

초등학교 자녀의 그림들을 모아서 냉장고 문에 자랑스럽게 붙여 놓는 부모들처럼 우리의 하나님 아버지도 우리의 기도를 그렇게 좋아하시고 모든 기도를 간직해 두신다. 그래서 각각의 모든 기도는 기념물이 되어 하나님의 기억을 환기시킨다.

우리의 기도가 하나님께 그토록 소중하다면 우리에게도 역시 소중해야 마땅하지 않겠는가? 가족 앨범에 모아 둔 사진들처럼 우리도 그 기도들을 모아야 하지 않겠는가? 각국 수도에 세워진 기념비처럼 더 정성스럽게 다루어야 하지 않겠는가?

우리가 하는 모든 기도는 워싱턴 기념탑이나 링컨 기념관의 대리석 조각들과 같다. 기도할 때마다 우리는 하나님께 기념탑과 기념관을 조금씩 쌓아가는 것이다. 그래서 그 기도들은 영원히 사라지지 않는다. 그 기도의 조각들은 나무나 지푸라기가 아닌 금과 은과 보석들이기 때문이다 고전 3:10-12.

우리의 기도는 잊히지 않을 것이고 응답되지 않는 일이 없을 것이다.

영원한 기도

얼마 전에 나는 열심히 기도하기로 소문난 웨인 목사를 만났다. 내가 아는 사람 중에 웨인 목사만큼 열정적이고, 구체적이고, 지속적으로 기도하는 사람은 없다. 같이 점심을 먹는 자리에서 그분은 자신의 할머니 이야기를 해 주었다. 피는 못 속인다더니 중보 기도는 과연 그 집안의 영적 DNA라고 할 수 있었다.

  웨인 목사의 할머니는 집안 살림을 하면서 열두 명의 자녀를 길러냈다고 한다. 식사 준비가 끝나면 할머니는 언제나 침실에 들어가서 기도를 드렸기 때문에 그 자녀들은 하루 세 번씩 어머니가 자신들의 이름을 부르며 기도하는 소리를 듣고 자랐다. 할머니가 아흔한 살의 연세로 임종을 앞두고 있을 때 모든 가족이 한자리에 모였다. 할머니는 하루에 세 번씩 자신이 기도하던 곳으로 가족들을 모이라고 해서 열두 명의 자녀들에게 예언적인 유언을 남겼다.

  나는 이제 죽지만 내 기도의 능력은 계속해서 너희들 각자의 삶에 이어질 것이다.

  할머니의 능력 있는 기도는 결국 모든 가족이 예수 그리스도를 구주로 영접하도록 이끌었다. 당시 여섯 명의 자녀는 믿었지만 여섯 명의 자녀는 믿지 않고 있었다. 그것이 15년 전의 일이다. 현재는 열 명이 주님을 믿고 두 명은 믿지 않는다(아마도 믿음으로 '아직' 믿지 않는다고 하는 게 더 정확할 것이다). 웨인 목사는 열 번째 자녀가 장 큰아들가 어떻게 주님을 믿게 되었는지를 다음과 같이 이야기해 주었다.

할머니의 큰아들 이름은 조니인데, 한 달 전쯤에 옆집에 사는 이웃이 조니 삼촌에 대한 꿈을 꾸었다고 합니다. 아무래도 조니 삼촌에게 교회 가자고 말해야겠다는 생각이 들어 그렇게 이야기했더니 삼촌이 순순히 그 말에 동의 하더랍니다. 그런데 마침 그 주간이 종려주일이었습니다. 삼촌이 교회 안으로 들어서는 순간, 어머니가 기도 중에 자신의 이름을 부르던 그 소리가 귀에 들리더랍니다. 나중에 목사님이 주님을 영접할 사람이 있느냐고 물었을 때 아흔두 살의 조니 삼촌이 손을 들었고, 다음 주인 부활절에 세례를 받으셨습니다.

나는 산수를 해 보았다. 웨인 목사의 할머니가 돌아가신 것은 조니 삼촌이 일흔일곱이 되던 해였다. 조니 삼촌이 태어나던 해부터 할머니가 돌아가실 때까지 할머니는 하루에 세 번씩 그를 위해 기도했다. 그렇다면 할머니는 84,315번의 기념 제사를 드린 것이다. 비록 세상에 사는 동안에는 기도 응답을 받지 못했지만, 조니 삼촌이 천국에 들어갈 때는 아마도 할머니가 가장 먼저 그를 맞이하는 사람이 되지 않을까 상상해 본다.

할머니의 기도와 이웃 사람의 꿈 사이에 연관성이 있다고 말할 수 있을까? 나는 연관성이 없다고 하는 게 더 이상할 것 같다. 그것이 바로 기도의 묘미인 것이다. 우리의 기도가 언제 응답을 받게 될지, 언제 우리가 다른 사람의 기도 응답의 도구가 될지는 아무도 알 수 없다. 어쩌면 당신도 84,315번 기도의 응답일 지도 모른다. 믿음으로 사는 사람은 수십 년, 수백 년, 수천 년 전에 뿌려진 기도 씨의 열매를 거두게 된다. 믿음으로 사는 사람에게는 기념 제사가 영광의 면류관으로 변하고 기도의 제사가 찬양의 제사가 된다.

오늘의 기도 전략

우리는 죽어도 우리의 기도는 죽지 않는다.
하나님이 영원히 그 기도에 응답하신다.

인생을 바꾸는 **40**일 기도 전략

Day 20

부르신 곳으로 가라

"아브라함은 …… 갈 바를 알지 못하고 나아갔으며"
(히 11:8)

완벽한 준비란 없다. 이 세상에 결혼할 준비가 완벽하게 된 사람은 없다. 자녀를 가질 준비가 완벽하게 된 사람도 없다. 사업을 시작하거나, 학교로 돌아가거나, 선교지로 나갈 준비가 완벽하게 된 사람도 없다. 재정적으로, 정서적으로, 영적으로 완벽하게 준비된 사람도 없다. 충분할 만큼의 믿음과 돈과 용기를 가진 사람도 없다. 변명 거리를 찾는다면 당신은 언제나 찾을 수 있을 것이다.

하나님이 내게 하라고 명하신 어떤 일에도 나는 완벽히 준비된 적이 없었고 앞으로도 그럴 것이다. 그렇다고 해서 아무런 준비도 안 했다는 말은 아니다. 열심히 공부해서 학위를 받았지만 그것이 내가 하나님의 일을 하기에 준비된 사람임을 보증하지는 못한다. 그래도 괜찮다. 하나님은 자격을 갖춘 사람에게 일을 시키시는 분이 아니라, 일을 맡긴 자에게 자격을 갖춰 주시는 분이니까.

만일 당신이 준비가 다 될 때까지 기다린다면 남은 평생을 기다리며 보내야 할 것이다.

히브리서 기자는 이렇게 말했다.

> "믿음으로 아브라함은 부르심을 받았을 때에 순종하여 장래의 유업으로 받을 땅에 나아갈새 갈 바를 알지 못하고 나아갔으며" 히 11:8

아브라함은 최종 목적지가 어디인지 알지 못했지만 그래도 과감히 첫발을 내디뎠다. 현재 당신이 내디뎌야 할 첫걸음, 혹은 다음 발걸음은 무엇인가? 당신이 첫발을 내디딜 때 하나님이 그다음 행로도 알려 주실 것이다. 문제는 우리가 믿음으로 발길을 내딛기 전에 상세한 25개년 계획을 요구한다는 점이다. 어디로 가는 것인지, 언제 그곳에 도착하는지를 처음부터 정확히 알고 싶어 한다. 그러나 하나님은 그런 식으로 우리를 이끌지 않으신다. 그 시점에서 알아야 할 사실만을 알려 주시고 그에 합당한 은혜와 힘만을 허락하신다. 왜 그럴까? 이유는 우리가 날마다 주님을 의지해야 하기 때문이다. 하나님은 우리가 그분의 계시가 아니라 그분만을 의지하길 원하신다.

아브라함은 어디로 가는지를 알지 못한 채 발걸음을 내디뎠고 하나님은 그 점을 귀하게 보셨다. 살다 보면 직장을 그만두거나, 이사를 하거나, 이성 관계를 정리해야 할 때가 있다. 그때는 다음 행로가 어디인지 몰라도 발걸음을 내딛어야 한다. 더 자세히 알려 주실 때까지 마냥 기다리지 마라. 이미 하나님이 말씀하신 것들에 순종하라.

파란 신호등

옛 격언에 '준비하고, 자세 잡고, 출발하라'는 말이 있다. 물론 준비의 중요성을 강조한 것이지만 나는 그 반대로 생각한다. 누구도 완벽히 준비될 수는 없다. 어떤 경우에는 그냥 앞으로 나가야 한다. 따라서 믿음의 순서는 '출발하고, 자세 잡고, 준비하라'가 맞다.

어떤 성도들은 하나님이 원하시는 일을 하기 위해 일평생 준비만 하다가 끝난다. 자신이 결코 완벽하게 준비될 수 없다는 걸 깨닫지 못한다. 많은 사람이 그런 문제에 걸려 있다. 하나님이 원하시는 일을 알면서도 행하지 않으면 의심과 낙담이 고개를 든다. 그 자체가 불순종이다. 2천 년 전에 예수님은 '가라'고 말씀하셨다. 그런데 우리는 왜 빨간불 정신으로 살고 있는가? 이미 파란불이 켜졌는데 무엇을 더 기다리고 있는가?

우리 교회의 비전은 2020년까지 스무 개의 자교회를 세우는 것이다. 새로운 지역을 개척하는 것이 우리 교회의 DNA다. 하지만 처음 그 계획을 시도했을 때에는 약간의 반대 의견이 있었다. 왜 그런 일을 하느냐는 것이었다. 어떤 면에서는 그것도 일리 있는 말이었다. 그러나 솔직히 나는 그것이 잘못된 질문이라고 생각했다. 옳은 질문은 '왜 그런 일을 하지 않느냐?'이어야 한다.

계속 새로운 지역을 개척해서 더 많은 사람을 전도하는 게 이상한 일인가? 하나님이 축복하시는 일을 계속해서 더 많이 하는 게 당연한 일 아니겠는가? 배가하는 것은 결코 나쁠 게 없다.

그리스도의 제자들은 '왜 그런 일을 하지 않느냐?'는 정신으로 살아야 한다. 이것이 큰 꿈을 품는 마음자세이고 실천을 지향하는 신앙인들의 자세다. 그런 사람은 일을 안 하려고 변명거리를 찾지 않는다. 그렇다고 오해하지는 마라. 하나님의 뜻을 분별하는 건 참으로 힘들고 어려운 일이다. 아무리 기도와 금식을 열심히 해도 결정을 내리기란 결코 쉽지 않다. 또한 기도도 안 하고 생각 없이 내리는 결정은 나도 단호히 반대한다. 하나님이 어떤 사명을 주셨는지, 어떤 제안을 받아들여야 하는지, 어떤 일을 그만두어야 하는지,

어떤 것을 행해야 하는지 분명히 분별해서 하나님의 뜻을 실천해야 한다. 하지만, 잘못된 결정을 내릴까 봐 두려워서 옳은 결정까지 내리지 못하는 건 곤란하다.

배에서 내려라

내가 잘 아는 조지 우스 박사의 사무실에는 아주 멋진 그림이 걸려 있다. 한 아프리카 남자가 높은 산 위에서 바다를 내려다보며 서 있는 그림이다. 수평선 위에는 커다란 증기선 한 척이 떠 있고 작은 카누 한 척은 해변을 향해 다가오고 있다. 이 장면에는 수천 개의 그림보다 훨씬 값진 메시지가 담겨 있는데, 그것은 준비되기 전이라도 가야 한다는 것이다.

선교사로 임명된 존과 제시 퍼킨스John and Jessie Perkins 부부는 1908년에 증기선을 타고 라이베리아 해안에 도착했다. 하나님이 그들을 아프리카로 부르셨다는 것은 확실했지만, 아브라함처럼 정확히 어디로 가야 한다는 것은 모르는 상태였다. 그래서 그들은 일단 아프리카행 배표를 끊고 하나님의 인도하심을 신뢰하기로 했다. 증기선이 캐러웨이 곶에 들어섰을 때 성령께서 그들에게 배에서 내리라고 말씀하셨다.

그 지역에는 '제스퍼 토'라는 현지인 청년이 살고 있었는데 그는 하나님을 경외하고 선조 때부터 종교의식을 꾸준히 지켜왔지만, 예수님의 이름은 한 번도 들은 적이 없는 사람이었다. 어느 날 밤에 그는 밤하늘을 올려다보며 "만일 하늘에 하나님이 계신다면 제발 당신을 찾게 도와주소서"라는 짧은 기도를 드렸다.

그 순간, 제스퍼가 처음 듣는 낯선 음성이 그의 귀에 들려왔다.

캐러웨이 해변으로 가라. 그러면 바다 위에 연기가 나는 작은 상자가 보일 것이다. 그 상자 안에서 사람들 몇 명이 나올 텐데 그들이 나를 찾는 방법을 알려 줄 것이다.

제스퍼는 7일간을 걸어서 1908년 성탄절에 캐어웨이 해변에 도착했다. 그러자 바다에 떠 있는 검은 상자(증기선)가 보였고 그 안에서는 연기가 피어오르고 있었다. 바로 그때 퍼킨스 부부는 성령이 이렇게 말씀하시는 것을 감지했다.

지금 배에서 내려라. 여기가 너희가 가야 할 곳이다.

그들이 배의 선장에게 내리겠다고 말을 하자 선장이 펄쩍 뛰었다. "여기에 내려 드릴 수 없습니다. 이곳은 식인종이 사는 지역입니다. 이 지역에 들어간 사람들은 아무도 살아나오지 못했습니다."

그러나 존 퍼킨스는 단념하지 않았다.

"하나님이 저희에게 여기서 내리라고 하셨습니다."

할 수 없이 선장은 증기선을 멈추게 하고 손님을 실어 나르는 바구니 형태의 의자에 퍼킨스 부부를 앉게 한 뒤 작은 카누에 옮겨 타도록 했다. 퍼킨스 선교사 부부는 짐을 싣고서 카누를 저어 해변에 도착했고 해변에서 기다리던 제스퍼 토가 그들을 환영했다. 그리고는 그들에게 자신을 따라오라는 시늉을 했다. 서로 언어는 알아듣지 못했지만 퍼킨스 부부는 제스퍼가 사는 마을까지 따라갔다. 그리고 그곳에서 그들의 언어를 배워 마을 최초의 교회를 세웠고 제스퍼 토는 그 교회의 첫 번째 개종자가 되었다.

제스퍼 토를 아는 사람들은 그를 누구보다 경건한 사람이라고 평했다. 나중에 그는 라이베리아 여러 지역에 수백 개의 교회를 개척하는 놀라운 업적을 남겼다.

만약 퍼킨스 부부가 성령의 음성을 무시하고 그냥 가버렸다면 어떻게 되었을까? 만약 그들이 하나님의 계획을 잘못된 계획이라고 단정했다면 어떻게 되었을까? 만약 그들이 '왜 안 하면 안 돼?'라는 질문 대신에 '왜 해야 돼?'라고 물었다면 어떻게 되었을까? 만약 그들이 자신들의 안전을 생각해서 배에서 내리지 않았다면 어떻게 되었을까?

물론 그 경우에 하나님은 다른 대안을 사용하셨을 것이다. 분명히 그럴 거라고 믿고 싶다. 그러나 성령의 음성을 무시하고 그로 인해 하나님이 예비한 만남을 놓쳤을 때 치러야 할 대가를 누가 계산할 수 있겠는가? 행동이 없는 믿음은 믿음이 아니다.

가라. 자세를 잡으라. 준비하라.

 **오늘의 기도 전략** 변명거리를 찾는 사람에게는 늘 변명거리가 있다.

인생을 바꾸는 **40**일 기도 전략

Day 21

발바닥으로
밟는 곳마다

"너희 발바닥으로 밟는 곳은 모두 내가 너희에게 주었노니" (수 1:3)

《써클 메이커》가 출간된 이후부터 많은 독자가 내게 이메일과 편지를 보내 자신의 꿈과 가정과 직장을 위해 기도해달라고 했다. 도심의 어느 교사는 자기 반 아이들에게 원을 그리며 기도했고, 어떤 부동산 중개업자는 중개의뢰계약업자로서 자신이 소개해야 할 부동산을 위해 기도했으며, 의사와 간호사들은 자신이 돌보는 환자들을 위해 중보 했다. 어떤 국회의원은 캐피톨 시를 위해, 그리고 NFL미국축구연맹의 어떤 목사는 자기 팀의 축구연습장을 위해 기도했고, 심지어 자신이 거래하는 은행에 동그라미를 그려 놓고 재정적 기적법이 개정되는 것이 일어나길 기도했던 사람도 있었다모르는 사람은 아마 그가 은행을 털려고 음모를 꾸미는 줄 알았을 것이다.

기도 중에 뭔가에 동그라미를 치는 행위가 마법의 힘을 가진 건 아니다. 하지만 여기에는 성경적인 근거가 있다. 이스라엘 백성은 여리고 성벽이 무너질 때까지 여리고 성을 계속해서 돌았다. 40일 기도는 바로 그 사건에 기반을 두고 있다. 우리는 시작하자마자 돌기를 멈추는 경우가 많다. 기도의 동그라미는 그저 '하나님이 응답하실 때까지 기도한다'는 걸 뜻하는 상징일 뿐이다. 설령 응답이 생각보다 오래 걸리더라도 언제까지나 기도하겠다는 각오의 표시인 것이다.

원을 그리면서 하는 기도는 하나님께 원하는 걸 받아내는 요술이 아니다. 하나님은 램프 속의 요정이 아니고 당신의 소원은 그분의 명령이 아니다. 그분의 명령이 당신 소원이 되는 게 백배 더 낫다. 그렇지 않다면 기도의 원을 그리지 않고 제자리에서 맴돌기만 할 것이다.

기도의 원을 그리는 이유는 하나님의 뜻을 분별하기 위함이다. 그분의 전능한 뜻이 당신의 소망이 되기 전까지 당신의 기도는 능력의 공급처에 연결되지 못한다. 또한 당신이 원하는 걸 갖는 것도 기도의 목적이 아니다. 기도의 목적은 하나님이 원하시는 꿈과 기적을 위해 기도하면서 그분을 영화롭게 하는 것이다.

기도 행진

지나온 세월 동안 나는 성경에 기록된 약속의 말씀과 성령께서 내 영에게 일러 주신 약속들에 원을 그리며 기도했다. 나는 구제불능의 상황과 사람들을 위해 기도했고 인생의 목표를 비롯해 필요한 물건들 하나하나를 놓고 기도했다. 그럼 여기서 내가 첫 번째로 했던 원 그리기 기도의 추억을 더듬어 보겠다.

스물두 살의 신학대학원 학생 시절에 나는 시카고 북부 해안 지역에 교회를 개척하려고 했다. 하지만 교회는 개척되지 않았다. 6개월 뒤에 우리 부부는 교회 개척의 실패를 딛고 시카고에서 워싱턴 D.C.로 이사 왔다. 또다시 교회를 개척할 기회가 찾아왔지만 나는 즉각 싫다고 대답했다. 그러나 하나님은 나의 두려움에 직면해서 교만을 배척하고 다시 한 번 시도할 용기를 주셨다.

교회를 개척한 첫해에는 무엇 하나 쉬운 게 없었다. 교회의 헌금 총액은 한 달에 2천 달러를 넘지 못했고 그중 천6백 달러가 교회 건물 임대료로 나갔다. 우리는 공립학교 식당을 빌려서 주일 예배를 드리고 있었는데, 어느 주일에는 참석 교인이 전부 합쳐서 스물다섯 명이었다. 나는 예배 중에 눈을 감는 법을 배웠다. 눈을 떠서 보기가 너무도 괴로웠기 때문이었다. 나 자신이 너무 초라해 보였고 맥이 풀렸다. 하지만 바로 그것이 하나님이 원하시는 것이었다.

그로 인해 우리가 배운 건 철저한 의존이었다. 우리의 철저한 의존은 하나님이 위대한 기적을 행하시게 하는 싱싱한 재료였다.

어느 날, 머릿속으로 하나님이 캐피톨 힐에 세우기 원하시는 교회를 상상하고 있을 때 성령께서 내 안에 기도 행진을 해 보라는 마음을 주셨다. 나는 교회 사무실로도 사용하는 우리 집의 손님방에서 걸으며 기도를 드릴 때가 있었지만 이번에 성령이 주신 마음은 그것과 달랐다. 당시에 나는 여호수아서를 읽고 있었는데 그중 한 말씀이 나의 마음에 비수처럼 꽂혔다.

> "내가 모세에게 말한 바와 같이 너희 발바닥으로 밟는 곳은 모두 내가 너희에게 주었노니" 수 1:3

여호수아에게 주신 이 약속의 말씀을 읽는 순간, 하나님이 나에게도 같은 말씀을 하시는 것처럼 느껴졌다. 캐피톨 힐을 중심으로 큰 원을 그리며 기도하면서 그 땅을 우리 것이라고 선포하라는 것이었다. 모세에게 하신 약속이 여호수아에게 그대로 전이된 것처럼, 나에게도 우리 지역을 돌 충분한 믿음만 있다면 하나님이 그 약속이 나에게 전이되게 하실 거라는 확신이 들었다. 그래서 후덥지근한 8월의 어느 날 아침, 나는 첫 번째 기도 행진을 시작했다. 그날은 내 생애 가장 오래 기도하며 걸었던 날이었고 가장 크게 원을 그리며 기도한 날이었다.

　나는 캐피톨 힐에 있는 우리 집 대문을 나와 F가의 동쪽으로 걸은 뒤에 다시 남쪽의 8번가로 접어들었다가 이스트 캐피톨을 건너 도시를 사등분하고 있는 NE와 SE의 갈래 길에서 서쪽으로 방향을 틀어 M가의 SE로 걸어갔다. 그렇게 원을 그리며 한 바퀴를 돌고 나서 사실은 정방형에 가까웠지만 북쪽으로 방향을 꺾어 사우스 캐피톨 가로 걸어갔고, 의사당 앞에 이르러서는 잠시 발걸음을 멈추고 그곳을 위해 몇 분간 기도를 드렸다. 그런 뒤에 유니언 역에서 오른쪽으로 돌아 집으로 오면서 마침내 장장 7.5km에 이르는 기도 행진을 끝마쳤다.

　평소보다 느리게 걸어 기도 행진은 거의 세 시간이 걸렸지만, 하나님은 그 세 시간의 기도를 지난 15년간 응답해 주셨다. 캐피톨 힐 지역을 기도하며 한 바퀴 돌았던 날 이후에 우리 교회는 도심에 일곱 개의 자교회를 거느린 모교회로 성장했다. 그리고 우리가 소유한 모든 건물들에벤에셀 커피하우스, 바락스 로우에 있는 극장, 대출 없이 갖게 된 8백만 달러짜리 건물은 모두 내가 돌았던 그 지역 안에 위치하고 있다.

　이것이 과연 그냥 우연한 일치일까? 하나님의 섭리가 더 어울린다고 생각하지 않는가? 이스라엘 백성이 여리고 성을 돌았을 때에도 그들은 하나님이 그 도시를 어떻게 점령하게 하실지 알지 못했다. 하지만 모른다고 해서 그 성을 돌라는 명령에 불복종하지 않았다. 그들은 약속의 말씀대로 돌고, 돌고, 또 돌았다. 그렇게 7일 동안 총 열세 번을 돌았다. 하나님이 어떤 식으로 약속을 지키실지 모르는 상태였으나 어떤 식으로든 반드시 지키실 것임을 믿었기에 군말 없이 그분의 명령에 순종했다.

과연 하나님은 약속을 지키셨을 뿐 아니라 그분의 위대한 권능까지 세상에 알려지게 하셨다. 여리고 성벽이 마치 나무 쌓기 게임처럼 단박에 와르르 무너져 내리게 하신 것이다.

오늘의 기도 전략

하나님은 램프 속의 요정이 아니고 당신의 소원은 그분의 명령이 아니다. 그분의 명령이 당신 소원이 되는 게 훨씬 더 낫다.

인생을 바꾸는 **40**일 기도 전략

Day 22

양털 실험

"내가 양털 한 뭉치를 타작 마당에 두리니"
(삿 6:37)

영국에 사는 스물 세 살의 직업 무용수 안나는 3년 전에 《화려한 영성Wild Goose Chase》을 읽고 달라진 삶을 살게 되었다. 현재 안나는 세르비아에서 무용 학원을 운영하며 극빈자층을 위한 구제 사역을 하고 있다. 어떻게 안나에게 그런 변화가 일어났던 것일까?

시편 37편 4절에 보면 우리가 여호와를 기뻐할 때 그분이 우리 마음의 소원을 이루어 주신다고 했다. 여기에서 이루어 주신다는 말은 '마음에 품게 한다'는 뜻이다. 하나님께 나아가는 사람은 이전의 악한 욕구가 죽고 거룩한 욕구가 생겨난다. 이 단세포적인 욕구가 기도를 통해 자라게 되면 궁극적으로 인생의 꿈이 되는 것이다.

안나는 꿈을 이루었고 자신이 가장 좋아하는 일을 직업으로 삼은 행운아였다. 그러던 어느 날, 그녀는 자신이 가진 무용 재능을 하나님을 위해 사용하고 싶다는 생각이 들었다. 무엇을 어떻게 해야 할지 구체적인 계획은 없었지만, 그 생각이 머리에서 떠나지 않았다. 밤낮으로 고민에 잠긴 안나를 보고 친구들은 현재 있는 곳에서도 얼마든지 주님을 섬길 수 있다고 말했으나 왠지 그건 아니라는 생각이 들었다. 그러다가 세르비아의 어떤 기독교 사역에 대한 기사를 읽는 순간 안나의 눈이 번쩍 떠졌다. 그곳을 한번 가보고 싶은 마음이 들었지만, 안나는 세르비아에 대해 아는 게 아무 것도 없었다. 심지어 세르비아 사람을 만난 적조차 없었다. 안나가 주님 앞에 양털 실험을 한 것은 바로 그때였다. "주님, 제가 만약 세르비아에서 하는 이 사역을 보러 가는 게 당신의 뜻이라면 이번 주에 세르비아 사람을 한 명 만나게 해 주세요"라고 안나는 기도했다.

그 이야기를 들은 친구들은 엉뚱한 기도라고 놀리면서도 자기들도 함께 기도해 주겠다고 약속했다. 그리고 이틀이 지나서 훤칠한 키에 검은 머리를 가진 중년 남성이 안나가 연습하고 있는 무용 학원으로 들어왔다. 안나는 그가 이탈리아 사람일 거로 생각했지만 직접 확인하고 싶어서 그에게 어느 나라 사람이냐고 물었다. 그리고 세르비아인이라는 대답이 돌아오는 순간, 안나는 "당신이 바로 제가 찾고 있던 사람이군요!"라고 소리쳤다.

그로부터 6개월 후, 안나는 자신의 기타와 짐 가방을 챙겨 들고 편도 항공권을 끊어 세르비아로 떠났다. 그때부터 세르비아 저소득층 가정의 자녀들을 대상으로 영어와 성경과 무용을 가르치고 있다. 한때 영국의 명사들을 위해 무대에서 공연하던 그녀가 지금은 장애 아동들에게 무용을 지도하고 있는 것이다. 안나는 그 일이 무척이나 즐겁다고 한다. 그리고 이 모든 것의 시작은 양털 기도였다.

혹시 안나의 다음 계획 하나님의 아이디어이 궁금한가? 그녀는 우리 교회 에벤에셀 사역과 비슷한 커피하우스 사역을 세르비아에서 해보고 싶다고 한다. 안나가 내게 편지를 보낸 것도 그런 이유 때문이었다. 사실상 안나는 그것을 '기도 편지'라고 불렀다(내 생각에는 아무래도 이게 또 다른 '양털 실험'이 아닌가 싶기도 하다). 나는 안나의 기도 편지에 깊은 감동을 받아 다른 사람들에게 그 이야기를 들려주었고 현재 그녀의 꿈은 사람들의 가슴 속에서 현재진행형으로 불타오르고 있다. 몇 명의 후원자들이 나서서 그 사역의 주주가 되고자 하는데 환율을 감안하면 적은 액수의 달러도 세르비아에서는 큰돈이 될 것이다.

주의 사항

 기도를 하다 보면 우리의 꿈과 생각과 소원을 놓고 양털 실험을 해 보고 싶을 때가 있다. 그러나 하나님 앞에서 양털 실험을 할 때에는 세심한 주의가 필요하다. 일반적으로 볼 때, 믿음의 발걸음을 내딛기 전에 확실한 표징부터 주어지는 경우는 거의 없다. 표징은 보통 그 뒤에 따라온다. 그러나 불확실성으로 인해서 하나님께 확인해 달라고 부탁해도 좋을 때가 있다. 하지만 그런 방법을 자주 사용하면 안 되고 함부로 사용해서도 안 된다고 생각한다. 마치 아카시아 잎을 하나씩 따면서 '그는 나를 사랑한다, 그는 나를 사랑하지 않는다'라고 점을 치는 것과 비슷한 태도로 양털 실험을 하면 안 된다.
 구체적으로 다음과 같은 사항을 조심해야 한다.
 첫째로, 하나님이 성경말씀을 통해서 당신의 질문에 대답하셨다면 더 이상 물어볼 필요가 없다. 하나님이 이미 알려 주신 것에 대해 더 많은 계시를 구하지 마라. 둘째로, 당신의 마음속 동기가 이기적이지 않은 지 점검해야 한다. 양털 실험은 오로지 하나님을 경외하고 그분의 뜻만을 행하겠다는 진심에서 우러나와야 한다. 셋째로, 양털 실험의 결과에 대해서는 아무런 의혹 없이 받아들일 준비를 해야 한다.
 하나님은 기드온을 이스라엘의 사사로 부르셨지만 그는 열등감으로 가득 찬 사람이었다. 천사가 그를 '강한 용사'라고 불렀을 때 아마도 그는 고개를 돌려 누구 이야기를 하는지 돌아보았을 것이다삿 6:12. 어쩌면 하나님이 실수를 하셨다고 생각했을 수도 있다.

"오 주여 내가 무엇으로 이스라엘을 구원하리이까 보소서 나의 집은 므낫세 중에 극히 약하고 나는 내 아버지 집에서 가장 작은 자니이다"삿 6:15

나는 이 때 하나님이 하신 대답이 마음에 든다.

내가 너와 함께 하겠다.

그 한마디면 끝난 것 아니겠는가? 하나님이 우리와 함께하시고 우리를 위하신다는 두 가지 사실만 확신하면 삶이 변한다. 우리가 알아야 할 건 그게 전부다. 하나님이 당신과 함께하시고 당신을 위하신다. 이 사실이 당신의 영과 마음에 새겨지도록 하라. 로마서 8장 31절은 "만일 하나님이 우리를 위하시면 누가 우리를 대적하리요"라고 했다.

그러나 기드온은 천사의 말을 듣고도 만족할 수가 없었다. 좀 더 확실한 증거가 필요하다고 생각해서 한 가지 실험을 해 보기로 했다. 그래서 하나님 앞에 양털을 놓아두었는데 한 번도 아니고 두 번이나 그렇게 했다. 하나님은 참을성 있게 두 번 모두 기드온의 요청을 받아주셨다. 그가 진정한 겸손에서 그렇게 한 줄을 아셨기 때문이었다.

> "만일 내가 주께 은혜를 얻었사오면 나와 말씀하신 이가 주 되시는 표징을 내게 보이소서" 삿 6:17

2003년에 우리 내셔널 커뮤니티 교회가 다지역multi site 형태를 지향해서 두 번째 교회 개척을 준비하고 있을 때, 내 안에는 불안감과 막연함만이 가득했다. 어떤 면에서는 지도에도 나와 있지 않은 지역을 모험하는 것과 같았다. 온종일 기도와 회의를 하면서 우리가 내린 결론은 버지니아 주 알링턴의 볼스턴 커먼 상가에 있는 극장을 빌려 교회를 시작하자는 것이었다. 온종일 걸린 회의를 끝마치면서 우리는 기드온처럼 하나님의 은혜와 표징을 구하는 기도를 드렸다. 그때까지 3개월 동안이나 리걸 시네마 극장과 협상을 했지만 여전히 벽에 부딪힌 상태였다. 그들은 우리에게 이른 아침 시간만 사용을 허락했고 그 외의 시간에는 엄청난 사용료를 요구했다. 수개월 동안이나 전혀 협상의 진전이 없었지만 우리가 주님 앞에 양털 실험 기도를 드린 뒤에 리걸 시네마 측에서 사용료 가격 책정을 바꾸겠다는 의향을 내비쳤다. 사실 임대차 계약에서 더 많은 시간을 사용하려면 더 많은 사용료를 내는 게 당연한 일이다. 그런데 더 많은 시간을 사용하면서 더 적은 사용료를 낸다면 그것이 주님에게서 온 표징이 아니고 무엇이겠는가? 그것은 우리에게 필요했던 표징이었고 그로 인해 우리 교회는 두 지역으로 배기될 수 있었다.

하나님께 구하라

내가 존경하는 기도의 영웅 중 한 명이 조지 뮬러다. 그는 66년 간 교회 목회를 하면서 애슐리 다운 고아원을 설립하여 10,024명의 고아들을 돌보았고, 그들이 다닐 수 있는 학교를 영국 전역에 117개나 세웠다. 오늘날의 화폐가치로 따지면 조지 뮬러가 후원자들로부터 받은 후원금은 총 1억 5천만 달러한화 약 1천5백억 원에 달한다고 한다. 참으로 놀라운 액수다. 그러나 더 놀라운 건 그가 누구에게도 동전 한 푼 부탁하지 않았다는 것이다. 무엇이 필요할 때마다 그는 오직 하나님께만 기도했다. 무엇이 필요한지를 하나님이 정확히 아실 거라 믿었기에 모든 필요를 기도로 바꾸었다. 배관을 수선해야 하면 배관공을 보내달라고 기도했고, 음식이나 돈이나 책이 필요하면 그런 것들을 공급해달라고 하나님께 기도했다. 추정컨대, 그의 기도 일기장에 적힌 내용 중에 3만 개가 넘는 기도제목들이 응답이 되었다고 한다. 하지만 가장 인상적이고 가장 중요한 수치를 공개하자면 조지 뮬러가 성경을 처음부터 끝까지 200번 이상 통독했다는 사실이다.

뮬러는 모든 게 하나님에게 달린 것처럼 기도했고 모든 게 자신에게 달린 것처럼 일했다. 그래서 이런 말을 남겼다. "주님을 성공적으로 섬기는 비결 중의 하나는 이것이다. 모든 것이 우리의 근면에 달린 것처럼 일하되 어떤 것도 우리의 노력에 의지하지 않고 주님의 축복만을 의지하는 것이다." 주11) 하나님 나라에서 성공의 열쇠는 하나님이 시키신 일을 성실하게 열심히 하되 그 일을 신뢰하지 않고 하나님을 신뢰하는 것이다.

오스왈드 챔버스는 "하나님이 당신에게 그러시듯 다른 사람에게도 독창적으로 역사하시게 하라"고 말했다.주12) 이 말은 곧 나 개인의 신조가 되었다. 나 자신이 되자!

나는 조지 뮬러 식의 기도를 누구나 따라 해야 한다고 생각하지 않는다. 그는 하나님 앞에서 개인적인 주관대로 행동했을 뿐이다. 다만 그의 본보기에서 교훈을 배워야 한다. 혹시 당신은 사장이나, 배우자, 친구나, 동료들에게만 도움을 요청하고 있지는 않은가? 하나님께 도움을 요청해야 하지 않겠는가?

해답을 찾지 말고 하나님을 찾아라. 그러면 해답이 당신을 찾아올 것이다.

---

11. George Muller, A Narrative of Some of the Lord's Dealings with George Muller (London: Nisbet, 1886), 2:330.
12. 오스왈드 챔버스, 주님은 나의 최고봉(두란노, 2002).

오늘의 기도 전략 비전을 주신 하나님은 그 비전을 이룰 방법도 주신다.

인생을 바꾸는 **40**일 기도 전략

Day 23

아직 아니야

"아버지께서 약속하신 것을 기다리라"
(행 1:4)

하나님이 당신의 기도에 '안 돼'라고 말씀하셨다면 그것이 정말로 안 된다는 의미일 수도 있지만, 어떤 경우에는 '아직 안 돼'라는 뜻일 수도 있다. 올바른 기도지만 아직 때가 아닌 것이다.

몇 해 전에 우리 부부는 캐피톨 힐 지역에서 집을 구하러 다녔다. 주택 판매자가 넘쳐나던 시기에 다행히 백 년 된 연립주택 하나를 사서 1996년부터 살고 있었지만, 아이들이 성장하자 5m 폭의 집이 너무 좁아서 좀 더 큰 집을 알아보고 있었다.

얼마 후, 불과 한 구획 떨어진 곳에 우리가 꿈꾸던 집이 나타났다. 그래서 일단은 그 집에 주택 구매 오퍼를 넣어보기로 했으나 우리의 재정 형편을 고려하지 않을 수 없었다. 그 집을 사게 해 달라고 기도한 뒤에 우리가 지급할 수 있는 선에서 최고의 금액을 제시했다. 그건 양털 실험과도 비슷했다. 만일 하나님이 그 집을 우리에게 주실 작정이라면 집주인이 우리가 제시한 금액을 받아들일 것이라고 믿었다. 부동산 경기가 하락하고 매물이 증가하는 상황이었으므로 집주인이 그 가격을 받아들일 것으로 생각했지만 아니었다. 그 집이 너무도 탐이 나 금액을 올리는 무리수를 두어서라도 사고 싶은 충동이 일었지만 결국 단념했다. 집안을 어떻게 꾸밀지 상상하며 부푼 기대를 안고 있었기에 실망감은 대단했으나, 기도하면 할수록 단념하기를 잘했다는 확신이 들었다.

그 뒤 일 년간 집을 보러 다니지 않았다. 그러던 어느 날, 차를 몰고 그 집 앞을 지나가는데 아내가 나를 보며 물었다. "혹시 당신은 저 집이 우리 집같이 느껴진 적이 없나요?" 그때까지 그 집 앞을 수백 번은 지나다녔어도 아내는 한 번도 내게 그런 말을 한 적이 없었다. 하지만 아내의 그 한 마디는 일종의 무의식적인 기도였던 것 같다. 다음 날 아침 그 집 마당에 '매매'라는 표지판이 붙었기 때문이다. 그때 한 가지 생각이 스치고 지나갔다. 혹시 1년 전에 하신 하나님의 '안 돼'는 사실상 '아직 안 돼'라는 뜻이었고, 바로 지금이 집을 살 때라고 신호를 보내고 계신 것은 아닐까?

우리 부부가 몰랐던 사실은 그 집주인이 그동안 집을 팔지 못했다는 것이었다. 252일 동안 사겠다는 사람이 나타나지 않자 부동산에서는 매물을 취소해버렸다. 집주인이 다시 집을 매물로 내놓았을 때 우리는 1년 전에 했던 것과 똑같은 금액을 제시했다. 사실은 조금 무모한 일이었다. 이미 거절을 당했던 가격이 아니던가. 어쩌면 그것은 또 한 번의 양털 실험과도 같았다. 우리는 부동산 중개업자에게 그 가격이 우리가 낼 수 있는 최종 가격이라고 말했다. 만일 이번에도 거절한다면 우리는 또 단념할 생각을 하고 있었다. 그런데 이번에는 집주인이 우리 제안을 받아들였다. 마침내 하나님이 1년 후에 우리 기도를 응답해 주신 것이다. '안 돼'라고 생각했던 것이 실제로는 '아직 안 돼'였던 것이다.

때로 우리는 하나님으로부터 돌려받기 위해 먼저 하나님 앞에서 단념할 각오를 해야 한다. 아브라함이 이삭을 제물로 바치려 했던 것처럼 우리가 단념해야 하는 건 매우 값진 무언가일 것이다. 이삭처럼 하나님이 직접 주신 선물일지도 모른다. 그러나 선물을 주신 하나님보다 선물을 더 중요하게 여기는 것은 아닌지, 꿈을 주신 하나님보다 꿈을 더 소중하게 생각하는 건 아닌지 확인하기 위해 우리를 시험하실 때가 있다. 선물이 우리에게 우상이 되지 않았는지를 시험하시는 것이다. 만일 우상이 되었다면 그 꿈과 선물과 비전은 죽어야 한다. 그래야 다시 부활할 수 있다. 하나님이 우리에게서 소중한 것을 가져갔다가 다시 돌려주시는 이유는 그래야만 그것을 하나님의 영광을 위해 사용할 수 있기 때문이다.

죽음과 부활의 과정을 거치면서 우리 가족은 새로운 우리 집이 더욱 소중하게 여겨졌다. 무엇보다 감사한 건 우리가 집을 소유했다는 사실이 아니라 집이 우리를 소유하지 않았다는 사실이다. 한 번 잃은 뒤에 다시 찾은 것은 집이든, 건강이든 다시는 당연시하지 않게 된다.

그러나 이 이야기의 백미는 따로 있다. 집을 사기 위해 1년간을 기다리는 동안 부동산 경기가 살아나면서 살던 집의 집값이 10%나 뛰어올랐다. 그래서 꿈의 집을 사고 남은 돈이 1년 전보다 훨씬 더 많아졌다. 기다린 보람이 톡톡히 있었다. 하나님의 축복이 너무도 분명했기에 우리는 그 어느 때보다 즐거운 마음으로 집 판 돈의 십일조를 뗄 수 있었다.

기다려라

나는 기다리는 걸 싫어한다. 신호등 앞에서 기다리는 것도 싫고, 병원 대기실에서 기다리는 것도 싫고, 차 안에서 햄버거가 나오기를 기다리는 것도 싫고, 심지어 12월 25일이 되기를 기다리는 것도 싫다. 그래서 우리 가족은 크리스마스이브에 선물을 펴 본다.

아무 상황이든 말해 보라. 나는 그런 것을 기다리는 걸 정말로 싫어한다. 그러나 기다림은 기도의 일부분이므로 기도는 일종의 기다림이라고 할 수 있다. 기도는 우리의 기다림을 성화시킨다. 그래서 우리는 거룩한 기대감을 안고 기다리게 된다. 기다린다고 해서 하나님의 계획과 목적이 지연되는 것이 아니다. 오히려 촉진한다. 하나님이 우리 삶에서 무엇을 하기 원하시든 기다림은 그 일을 가속하는 지름길이다. 하나님의 시간대에서는 하루가 천 년이고 천 년이 하루다.

우리는 인내심이 부족해서 하나님이 하실 일을 자기가 대신 하려고 할 때가 많다. 안식일 엄수가 순종이 아니라 사치라고 여겨서 편한대로 지키려고 하면 절대로 안식이 되지 못한다. 세상이 우리를 중심으로, 우리에 의존해서 돌아가는 것처럼 느꼈다면 이제는 별들을 창조해서 행성 주위를 돌게 하신 창조주를 중심으로 창조주에 의존해서 세상이 돌아가듯 안식일을 준수해보자.

단도직입적으로 말해서 우리는 지금 너무 바쁘다. 사도 바울의 표현을 빌리자면 우리는 너무도 일을 '만들고' 다닌다딤전 5:13. 계속해서 더 많은 것들을 하려고 하니 시간은 점점 더 없어지고 그 결과 삶의 여유가 없어져 간다. 그런 상황에서는 자연히 기도가 뒤로 밀려나고 저평가될 수밖에 없다. 할 일이 너무 많아서 기도할 시간이 없다고 한다면 사실은 그 반대라는 걸 밝혀 두겠다. 기도를 안 하기에는 할 일이 너무 많다. 마틴 루터는 이런 말을 한 적이 있다. "저는 할 일이 너무 많아서 하루를 시작할 때 세 시간씩 기도를 드려야 합니다."주13) 할 일이 많다면 그만큼 기도를 더 많이 해야 한다.

예수님이 승천하신 뒤에도 제자들은 즉시 '천하에 다니며 만민에게 복음을 전파'하지 않았다막 16:15. 왜 그랬을까? 예수님이 아주 명백한 지침을 내려주셨기 때문이다.

> "예루살렘을 떠나지 말고 내게서 들은 바 아버지께서 약속하신 것을 기다리라"행 1:4

제자들은 즉각 사명을 이행하러 떠나는 대신에 예루살렘에서 성령이 임하시기를 기다렸다. 하나님보다 앞서 나가지 않고 다락방에 모여서 열흘간 기도만 드렸다. 그 열흘간의 기도가 이후 2천 년 동안 배당금으로 지급되고 있다.

모든 것이 하나님께 달린 것처럼 기도한 뒤에는 모든 것이 우리에게 달린 것처럼 일해야 한다. 먼저 기도하지 않으면 우리가 하는 일은 효과가 없다. 하나님이 우리를 위해 일하시도록 할 때에만 우리도 하나님을 위해 무언가를 할 수 있다. 하나님은 우리를 성령으로 충만케 해주길 원하신다. 그러기 위해서는 먼저 우리가 자신을

---

13. J. Oswald Sanders, Spiritual Leadership (Chicago: Moody, 1974), 76에서 인용.

비워야 한다. 성령은 우리 마음과 정신의 깊은 곳까지 빈틈없이 채우셔서 새로운 능력을 주고 싶어 하신다. 성령이 임하시면 우리는 새로운 생각을 하게 되고 새로운 감정을 느끼게 된다. 이것이 성령 충만할 때 나타나는 현상의 하나다.

먼저 우리가 할 일은 기다리는 일이다. 다만 문제는 얼마나 오랫동안 기다려야 하느냐다.

만약 우리가 다락방에 들어가 제단 앞에 무릎을 꿇거나, 기도실 문을 걸어 닫고 앉아서 "하나님 아버지가 약속하신 선물을 받기 전에는 절대 여기를 나가지 않겠습니다"라고 한다면 어떤 일이 일어날까? 내가 어떤 일이 일어날지를 말해 주겠다. 오순절 역사가 다시 한 번 일어날 것이다.

우리가 오순절 역사를 계획할 수는 없다. 베드로가 오순절 아침에 일어나서 할 일 목록에 '방언 말하기'를 적어 넣었을 리 없다. 3천 명이 성령 세례를 받게 하겠다는 계획도 세웠을 리 없다. 그러나 우리가 열흘간을 기도한다면 오순절 같은 역사는 반드시 일어나게 되어 있다.

 때로 하나님의 '안 돼'는 '아직'의 의미일 수도 있다.

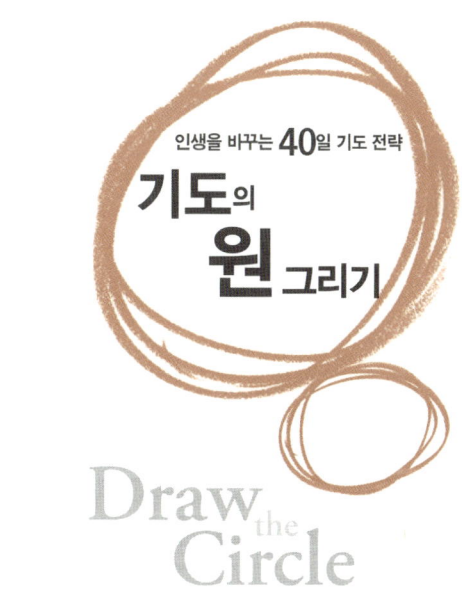

인생을 바꾸는 **40**일 기도 전략

기도의 원 그리기

Draw the Circle

The 40 Day Prayer Challenge

인생을 바꾸는 **40일** 기도 전략

Day 24

자신의 목소리를 찾아라

"여호와의 말씀이 내게 임하니라"
(렘 1:4)

내가 열아홉 살 되던 해의 어느 날에 성령께서 한밤중에 나를 깨우신 적이 있었다. 그런 일은 이전에도 없었고 지금까지도 없다. 나는 얼른 성경을 집어 들고 침대에서 나와 바닥에 무릎을 꿇고 앉았다. 성경을 펼치는 순간 예레미야 1장이 펼쳐졌다. 나는 그 말씀을 읽기 시작했고 말씀은 나를 읽기 시작했다. 원래 그 말씀은 하나님이 예레미야에게 하신 것이었지만 그 순간은 마치 성령께서 나를 향해 말씀하시는 것 같았다. 예레미야의 사명이 나의 사명이 된 것이다.

20년 전 당시에는 그 사건의 의미와 결과를 제대로 이해하지 못했다. 솔직히 말하면 지금도 그렇다. 하나님이 우리에게 주시는 사명은 수개월, 혹은 수년, 혹은 수십 년 만에 완전히 이해하거나 달성할 수 있는 게 아니다. 보통은 평생이 걸린다. 특히 나를 혼란에 빠뜨렸던 건 다음의 말씀이었다.

"내가 너를 모태에 짓기 전에 너를 알았고
네가 배에서 나오기 전에 너를 성별하였고
너를 여러 나라의 선지자로 세웠노라" 렘 1:5

문제는 "너를 여러 나라의 선지자로 세웠노라"라는 마지막 구절이었다. 나는 한 번도 선교사의 사명을 받았다고 생각하지 않았다. 따라서 이 말씀이 과연 성취될 것인가라는 의문이 고개를 들지 않을 수 없었다. 그때 한 친구로부터 받은 이메일 편지가 내 눈을 열어 그 연관성을 볼 수 있게 도와주었다.

나는 현재 말레이시아의 국가 지도자 콘퍼런스에 와서 말씀을 전하고 있네. 오늘 쿠알라룸푸르에서 가장 큰 서점에 들렀다가 종교 서적 코너에서 자네 책이 가장 눈에 잘 띄는 곳에 진열된 걸 보고 굉장히 기뻤다네. 그래서 잠시 그곳에 서서 자네가 열방에 영향력을 끼치도록 인도하신 주님을 찬양했지.

이 편지에서 내 눈길을 사로잡은 건 마지막 줄의 '열방에'라는 단어였다. 목사가 나의 사명인 것처럼 글을 쓰는 것도 내 사명이라고 느꼈지만, 내 책이 예언적이거나 국제적 영향력이 있다고 생각해 본 적은 없었다. 그러나 이 편지를 읽는 순간 내 책이 이미 십여 개 이상의 언어로 번역된 사실이 기억났다. 그제야 나도 모르는 사이에 하나님이 그분의 약속을 이뤄지게 했다는 깨달음이 들었다. 나는 여러 나라로 부르심을 받았지만 그건 선교 현장으로 나가라는 부르심이 아니라 병 속에 든 편지처럼 내 책이 여러 나라의 해변으로 흘러간다는 사실을 의미했다.

전 세계 독자들로부터 많은 편지를 받았어도 한 번도 그런 연관성을 눈치챈 적이 없었다. 나의 사명을 그런 식으로 이루실 줄은 꿈에도 몰랐던 것이다. 하나님이 하시는 일은 언제나 그런 식이다. 안 그런가? 그분은 우리를 놀라게 하신다. 우리는 이런저런 곳에 가서 이런저런 일을 하리라고 예상하지만, 하나님은 언제나 차원 높은 다른 계획을 갖고 계신다. 그분의 뜻에는 우리가 미처 알지 못하는 이유와 근거가 있다.

고유한 음성

사람은 각자 고유의 음성을 갖고 있는데 이는 육신의 음성만이 아니라 영적인 음성도 마찬가지다. 그래서 하나님은 당신이 가진 고유한 음성으로 그분의 뜻을 전달하길 원하신다. 당신의 삶은 당신 자신만의 성경 번역본이다. 직업은 아무 상관이 없다. 당신이 정치인이든, 목사이든, 연예인이든, 가정주부이든, 교사이든, 음악인이든, 변호사이든, 의사이든 상관없다. 하나님이 당신 주변에 두신 사람들에게 예언적 언어를 말해주는 것이 당신에게 주신 사명이다. 그렇게 하기 위한 열쇠는 예언적 귀를 단련시키는 것이다. 당신의 목소리를 찾고 싶으면 먼저 하나님의 목소리를 들어야 한다.

얼마전에 에티오피아를 방문했다가 훌륭한 지도자들을 여러 명 만나게 되었다. 정치인, 의사, 사업가들로 이루어진 십여 명의 사람들이 정기적으로 만나 성경 공부를 하고 있었다. 하나님은 그들을 사용해서 그 나라와 대륙을 축복하고 계셨다. 또한 아프리카 연맹에서 중추적인 역할을 하는 여성도 만났고, 에티오피아의 시골 지역에서 병원을 짓고 있는 의사도 만났고, 동아프리카 최초로 PGA 프로 골퍼 협회 골프 코스를 만들고 있는 지역 개발자도 만났다. 그들을 보면서 내가 발견한 공통점은 모두가 일주일에 하루는 기도와 금식으로 보내고 있다는 사실이었다. 기도하는 날에는 일조차 쉬는 사람들도 많았다. 하루 일을 쉰다면 그만큼 생산성이 낮을 거라고 짐작하기 쉽지만, 나는 그들이 더 생산적일 거라고 믿는다. 이유는 그만큼 비생산적인 일에 시간을 허비하지 않기 때문이다.

지금은 너도나도 자기 목소리를 높이려는 시대지만 대부분은 빈말에 지나지 않는다. 강연장이 없다고 걱정하지 마라. 당신이 하나님의 말씀을 듣는다면 사람들도 당신이 하는 말을 들을 것이다. 그 이유를 아는가? 당신의 말이 빈말이 아니기 때문이다. 또한 하나님은 당신에게 말을 할 수 있는 강연장도 제공하실 것이다.

그럼 어떻게 하나님의 음성을 들을 수 있을까?

먼저 성경책을 펴고 읽어야 한다. 당신이 성경을 열면 하나님이 당신의 입을 열어 주신다. 하나님의 음성을 듣는 가장 확실한 방법은 하나님의 말씀을 읽는 것이다. 하나님은 먼저 당신에게 말씀하신다. 그런 뒤에 당신을 통해 말씀하신다.

그 과정에서 고백하지 않은 죄가 있는지 점검해야 한다. 죄는 우리의 마음을 둔하게 하고 귀도 둔하게 만든다. 사실은 죄를 지적하는 성령의 소리가 듣고 싶지 않아서 아예 하나님 말씀에 귀를 닫아 버리는 사람들이 많다. 그러나 성령이 죄를 지적하는 소리를 듣지 않으면 그분의 위로와 용서와 자비의 음성도 들을 수 없다. 죄는 관계를 멀어지게 하고 그런 관계 단절은 점점 더 성령의 미세한 음성을 듣기 어렵게 만든다. 하나님께 가까이 나아가면 그분이 하시는 말씀을 놓치지 않을 것이며, 그분 말씀에 귀를 쫑긋 세우면 하나님도 당신의 말에 귀 기울이실 것이다.

온갖 소음이 내 삶을 어지럽혀 하나님 음성을 듣기 힘들 때마다 나는 얼마 동안 금식을 한다. 금식은 소음을 제거하는 특효약이다. 내가 듣지 말아야 할 소리에 귀를 닫게 해 주고 오직 하나님의 소리에만 주파수를 맞추게 해 준다. 성령이 주시는 내면의 음성과 자기 생각을 구별하기란 매우 어려운 일이다. 그러나 사랑하는 사람과의 관계가 그렇듯이 시간이 지나면 지날수록 그분의 음성을 더욱 또렷이 분별할 수 있게 된다. 나중에는 배우자나 자녀의 음성처럼 자연스럽게 그분의 음성을 들을 수 있게 되고 미묘한 억양의 차이까지도 감지해낼 수 있는 능력이 생긴다.

오늘의 기도 전략 당신의 목소리를 찾고 싶으면 먼저 하나님의 목소리를 들어야 한다.

인생을 바꾸는 **40**일 기도 전략

Day 25

예언적 한마디

"다 선지자가 되게 하시기를 원하노라"
(민 11:29)

2012년에 NCAA전미 대학 체육 협회가 주최하는 농구 대회를 보던 중에 마퀫 스크리밍 이글스 팀의 코치인 버즈 윌리엄스Buzz Williams의 인터뷰 내용을 듣게 되었다. 스위트 식스틴 팀과 겨뤄 승리를 거둔 뒤에 윌리엄스 코치는 자신의 선수들을 가리켜 '사자 사냥꾼'이라고 불렀다. 나는 이 말이 멋있어서 나의 책 《마크 배터슨의 극복 In a pit with a lion on a snowy day》에 연거푸 그 말을 사용했다. 알고 보니 훗날 윌리엄스 코치가 다니는 교회의 목사나와 대학 동창가 그에게 그 책을 선물했다고 한다. 그리고 윌리엄스 코치와 선수 몇 명도 챔피언 결정전에 앞서 그 책을 읽었다고 한다.

경기가 열리지 않는 기간에는 윌리엄스 코치가 비행기를 타고 우리 지역으로 와서 몇 시간 동안 나와 담소를 나누고 가기도 한다. 그래서 우리 목사들도 코치들로부터 배울 게 있고 코치들도 목사들로부터 배울 게 있다는 걸 알게 되었다. 윌리엄스 코치는 내 앞에서 처음으로 자신이 '미완성 작품'이란 걸 인정한 사람이었다. 나 역시 마찬가지다. 하지만 주님에 대한 그의 열정이 농구에 대한 열정만큼이나 강하다는 것이 마음에 든다. 그는 단지 선수들이 농구장에서 얼마나 경기를 잘하는지만 관심 있는 게 아니라, 그들의 영원을 위해 투자하는 일에도 관심이 많다.

윌리엄스 코치가 지도하는 대학 농구팀의 선수 중에는 네 명만이 자신의 친아버지가 누구인지를 알고 있다고 한다. 그리고 단 두 명만이 정상적인 가정에서 성장한 청년이라고 한다. 그래서 많은 선수가 아버지의 훈육이나 사랑의 음성을 알지 못해 윌리엄스 코치가 그 음성이 되어준다는 것이다.

대학 신입생들과 처음으로 훈련하는 100일 동안에 윌리엄스 코치는 날마다 아이들을 만나서 사무실에서 함께 기도를 드리는데, 믿지 않는 아이와 기도를 드리다가 어색한 침묵만 흐른 적도 몇 번이나 있었다고 한다. 그는 아이를 위해 기도한 다음 아이를 껴안아 주고 사랑한다고 말해 준다.

내 생각에 윌리엄스 코치는 자기 팀의 열두 명 선수들을 예수님이 열두 제자 보시듯 하는 것 같다. 사실은 누구나 하나님이 삶에서 만나게 하신 사람들 즉, 가족이나 친구, 동료나 이웃을 그런 식으로 보는 것이 마땅한 일이다. 윌리엄스 코치는 선수들 안에 있는 운동선수가 지녀야 할 잠재력뿐 아니라 영적인 잠재력까지 보는 예언적 눈을 지닌 사람이다. 그 두 가지는 별개의 것이 아니기 때문이다.

예언적 한 마디

기도는 우리 자신의 잠재력을 개발시킬 뿐 아니라 다른 사람에게 있는 잠재력까지 알아볼 수 있게 해준다. 디모데의 은사를 디모데보다 더 정확히 알아보았던 바울처럼 우리도 기도를 통해 그런 예언적 눈을 가질 수 있다. 초자연적 시력이 부여되면 하나님이 만나게 하시는 사람들을 향해 담대히 예언적 이야기를 해 주는 사람이 된다.

유대인 철학자들은 예언의 은사가 일부 선택된 사람들에게만 주어지는 게 아니라 정신적, 영적 성숙의 과정에서 자연스럽게 나타나는 결과라고 생각했다. 즉, 인격이 성숙할수록 예언의 은사가 강해진다고 믿은 것이다.

이 말은 우리가 미래를 예언해야 한다는 뜻이 아니다. 미래를 만들어야 한다는 뜻이다. 어떻게 그것이 가능할까? 기도를 통해 가능하다. 기도는 미래를 써 나가는 길이다. 그래서 일이 일어나게끔 만들어 준다. 누군가에게 예언적 이야기를 해 주는 것은 그 사람의 인생에 새로운 행복을 창출해 주는 일이다.

고린도전서 14장 3절에 보면 예언하는 자는 성령의 지시에 따라 위로와 권면의 말을 하라고 했다. 예언의 형태와 방식은 다양하지만 가장 흔한 형태는 중보 기도를 통해 얻게 되는 통찰력이다. 기도를 많이 할수록 우리는 점점 더 예언적 통찰력을 갖게 된다. 그리고 기도를 적게 할수록 점점 더 빈약한 통찰력을 갖게 된다. 미안하지만 이것이 사실이다.

로리 베스 존스Laurie Beth Jones는 우리 삶에서 적어도 40%는 개인적 예언에서 비롯된 결과라고 말했다.주14) 어떻게 그런 수치가 나왔는지는 모르지만 나는 그것이 신빙성 있는 이야기라고 생각한다. 인생의 어느 시점에서 누군가에게서 들은 한 마디가 그 사람의 인생을 영원히 바꿔놓는 일이 비일비재하다.《긍정적 예언의 힘한얼 출판사 역간》이라는 책에서 존스는 예언적 한마디가 한 사람의 운명을 어떻게 바꿔놓았는지를 다음과 같이 소개했다.

---

14. Laurie Beth Jones, The Power of Positive Prophecy: Finding the Hidden Potential in Everyday Life (New York: Hyperion, 1999), ix.

나는 알코올 중독자 가정에서 단 한 번도 긍정적인 이야기를 듣지 못한 채 성장한 사람이었다. 학교 수업이 끝나고 집으로 오는 길이면 나는 언제나 지미 세탁소 앞에서 발걸음을 멈추었다. 그곳의 계산대 위에는 언제나 사탕이 있었기 때문이었다. 나와 친해진 세탁소 아저씨는 어느 날 나를 보며 이렇게 말씀하셨다. '마이클, 너는 참 똑똑한 아이다. 언젠가는 아주 큰 사업체를 운영하게 될 거야.' 나는 그 말에 귀를 의심했고 집으로 돌아온 뒤에는 여전히 '개자식'이라는 욕을 들으며 아버지에게 얻어맞았다. 내 기억에 나를 믿어준 사람은 오직 지미 아저씨뿐이었다. 그런데 오늘날 나는 지미 아저씨가 예언한 대로 수억 달러대의 건강보건단체를 운영하고 있다. 그렇다면 세탁소 주인이 내 인생의 예언자라고 말할 수 있지 않을까?주15)

어쩌면 당신은 자신을 예언자가 아니라고 생각할지 모르지만 당신은 예언자다. 당신이 아는 사람들에게 예언자다. 내가 《자녀의 삶에 기도의 울타리를 쳐라Praying Circles around Your Children》라는 책에서 말했듯이 부모는 자기 자녀들에게 예언자다. 당신은 직장과 가정에서 예언자다. 당신이 사람들에게 해 주는 말은 예수 그리스도 안에서 그들의 정체성과 사명을 발견하게 해 주어 그들의 인생을 바꿀 잠재력이 있다.

---

15. 같은 책, xii.

때로는 꾸짖을 수 있는 용기도 필요하다. 가령 자녀가 무언가 옳지 않은 일을 하면 부드러운 말로 그건 너답지 않은 행동이라고 타일러야 한다. 또한 옳은 일을 했을 때에는 칭찬해 주고 그런 모습을 더 많이 보고 싶다고 이야기하라. 그것이 하나님이 주신 재능을 꽃피게 해 주는 길이다.

많은 사람을 변화시키려고 애쓰지 마라. 어쩌면 당신은 수많은 사람을 변화시킬 어떤 한 사람에게 영향을 주는 사명을 받았는지도 모른다. 당신이 그의 삶에 씨를 뿌리면 그가 나중에 수확하게 될 것이다. 그가 거둔 수확이 당신의 상급이다.

전 유엔 사무총장이었던 다그 함마르셸드의 말은 언제나 나의 마음가짐을 돌아보게 한다. "다수의 구원을 위해 부지런히 일하는 것 보다는 한 사람에게 당신 자신을 완전히 바치는 게 더 훌륭한 일입니다." 주16)

내 인생의 중요한 시기마다 하나님은 예언자들을 보내 주셨다. 그들은 평범한 사람들이었다. 선교사였던 크리스 스미스, 대학교수였던 오펠 레딘, 나의 멘토였던 딕 포스 같은 사람들을 사용해서 하나님은 적기에 꼭 필요한 말씀을 들려주셨다. 우리 안에서, 그리고 우리를 통해서 하나님이 하시는 모든 일에 하나님이 영광을 받으

---

16. Stephen Covey, Principle-Centered Leadership (New York: Simon & Schuster, 1991), 60에서 인용.

실 것이지만 그와 함께 그 공적의 일부를 인정받을 사람들이 있을 것이다.

 기도는 다른 사람들 안에 있는 잠재력을 알아보게 한다.

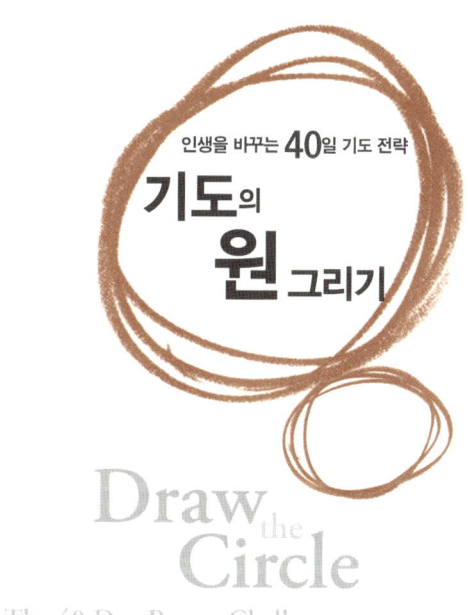

인생을 바꾸는 **40**일 기도 전략

기도의 원 그리기

Draw the Circle

The 40 Day Prayer Challenge

인생을 바꾸는 **40**일 기도 전략

Day 26

잠시 게임

"쉬지 말고 기도하라"
(살전 5:17)

1930년 1월 30일에 프랭크 로바크Frank Raubach는 '잠시 게임'이라고 이름 붙인 기도 실험을 시작했다. 그는 하나님과의 친밀함이 없다는 데 불만을 품고 해결책을 찾아보기로 했다. 그가 잠시 게임을 하게 된 동기는 17세기 수도승이었던 로렌스 형제에게서 영향을 받았기 때문이었다. 오로지 하나님의 임재 앞에서 사는 게 인생의 목표였던 로렌스 형제는 일과를 성실히 수행하면서도 틈만 나면 언제나 기도를 드렸다. 수십 년간 카멜리트 수도원 주방에서 그릇을 닦고 식사 준비를 했던 그에게 일하는 시간은 곧 기도의 시간이었다. 그렇게 몇 해 동안 하나님 앞에 나아가는 연습을 계속 하자 기도는 아예 그의 생활양식이 되었다. 로렌스 형제의 간증을 들어보라.

일하는 시간은 기도의 시간과 하등 다를 게 없다. 주방의 소음과 분주함, 여러 사람이 동시에 무언가를 달라고 고함치는 소리 속에서도 나는 마치 무릎을 꿇고 성찬을 받듯 평온하게 하나님을 만날 수 있다.^{주17)}

로렌스 형제의 본보기에 자극을 받은 로바크는 기도 실험을 하기로 마음먹었다. 그 결정적 계기는 과연 인간이 항상 하나님과 만나는 게 가능하냐는 의문이 끈질기게 그를 괴롭혔기 때문이었다. 그의 삶은 곧 해답을 찾는 탐색의 장으로 변했다. 대륙을 발견하기 위해 탐험에 나서는 탐험가처럼 로마크도 기도 실험의 항해를 시작했다. 그리하여 남은 생애를 그 의문의 해답을 찾는 실험이 되게 하기로 결심했다.

로바크는 '잠시 게임'을 다음과 같이 설명했다.

잠시 틈이 날 때마다 1초간이라도 속으로 하나님을 부르려고 노력한다. 다른 일을 잊어버리거나 하던 일을 중단할 필요는 없다. 단지 그 순간 내가 하는 일이나 말이나 생각을 하나님께 이야기하는 것이다. 그런 실험을 했던 사람들은 결국 깨어 있는 매 순간을 그분께 기도하는 시간으로 바꾸는 방법을 찾아냈다.^{주18)}

---

17. 로렌스 형제, 하나님의 임재연습(좋은 씨앗, 2006).

로바크가 했던 실험 중의 하나는 다른 사람을 위해 속으로 기도 총을 쏘는 것이었다. 엄지와 검지를 치켜들고 상대에게 총을 쏘았다가 연기를 불어내는 시늉을 한 게 아니라, 단순히 상대방을 쳐다보면서 그 사람을 위해 속으로 기도를 드리는 것이었다. 그러면 어떤 사람들은 아무 반응도 없이 지나갔고 어떤 사람들은 갑자기 뒤를 돌아봤으며, 어떤 사람들은 로바크를 향해 미소를 짓기도 했다. 개중에는 표정이 완전히 달라지는 사람들도 있었다. 만나는 모든 사람을 위해 기도하는 행동은 곧 그의 일상적 습관으로 굳어졌다.

실제로 손가락을 들고 총 쏘는 시늉을 하는 건 별로 바람직하지 않다고 생각한다. 디모데전서 2장 1절의 "모든 사람을 위하여 간구와 기도와 도고와 감사를 하되"라는 말씀을 그 발판으로 삼았으면 좋겠다. 이 말씀을 실천에 옮기려면 누군가를 만나기 전, 혹은 만난 뒤에 그를 위해 기도하면 된다. 속으로 은혜와 분별과 사랑을 달라고 구하라. 헤어질 때는 상대를 위해 속으로 축복 기도(축도)를 하라. 예배 말미에 목사가 교인들을 위해 하는 것만이 축도가 아니다. 당신이 하나님의 자녀라면 당신은 제사장이다. 그러므로 당신 인생의 모든 사람, 즉 가족이나, 동료나, 고객이나, 지인들을 위해 축복을 비는 것은 당신의 권리인 동시에 의무이다.

---

18. Frank Laubach, The Game with Minutes (Westwood, N.J.: Revell, 1961).

기도 습관

쉬지 않고 기도하기 위해서는 모든 것을 기도 제목으로 삼으면 된다. 보통은 어떤 문제나 인생의 진로처럼 큰 제목을 놓고 기도를 시작한다. 그런 뒤에는 집안일이나 일상처럼 작은 제목으로 기도가 옮겨가다가 마침내는 삶의 모든 것이 지속적인 기도가 된다.

모든 생각. 모든 행동. 모든 순간.

당신이 타고난 용사라면 당신을 위한 좋은 소식이 있다. 당신에게는 어마어마한 기도의 잠재력이 있다는 것이다. 사도 바울은 "아무 것도 염려하지 말고 다만 모든 일에 기도와 간구로, 너희 구할 것을 감사함으로 하나님께 아뢰라"고 했다빌 4:6. 당신이 언제나 근심 걱정이 많은 사람이라면 쉬지 않고 기도할 가능성이 아주 높은 사람이다. 그때는 모든 근심 걱정을 기도로 바꾸기만 하면 된다. 성령께서 당신의 걱정을 기도의 방아쇠로 삼아 그 생각을 구속해 주실 것이다. 걱정이 생기면 그것을 기도의 신호음으로 생각하라. 신호음이 울릴 때마다 그것을 위해 기도하면 된다. 그러면 당신의 걱정이 아침 안개처럼 사라지는 것을 보게 될 것이다. 따라서 더 이상 걱정에 시간을 낭비하지 마라. 그것을 재활용하고 구속해서 기도로 바꿔라.

신문 읽기를 잠시 멈추고 기사에 대해 기도해보면 어떻겠는가?

점심 모임을 기도 모임으로 만들면 어떻겠는가? 집안일을 하면서 속으로 기도를 드리면 어떻겠는가? 그렇게만 한다면 쉬지 않고 기도하는 목표에 상당히 근접하게 될 것이다.

식구들의 빨래를 개면서 그들이 그리스도의 의로 옷 입게 해 달라고 기도하라. 직장에 출퇴근하는 시간에 마음속의 염려를 하나님께 올려드리라. 밤에 아이를 잠자리에 누이면서 아이가 마지막 듣는 말이 당신의 기도가 되게 하라.

내가 새롭게 시작한 아주 뜻깊은 기도 습관은 아침에 일어나자마자 침대 옆에 무릎을 꿇고 기도하는 것이다. 하루 중 제일 먼저 하는 일이 그것이다. 눈을 뜨면 침대에서 나와 바닥에 무릎을 꿇는다. 그래서 하나님이 나의 첫 생각과 첫 말을 받으시게 한다. 그것은 또한 나를 하나님의 주파수에 맞추어 준다. 그래서 그 날의 마음가짐을 다잡을 수 있도록 해 준다.

거룩한 실험

'잠시 게임'을 시작한 지 6개월이 지났을 때 로바크는 자신의 거룩한 실험에 대한 소회를 일기장에 이렇게 기록했다.

지난 월요일엔 하나님께 하루를 완전하고도 지속해서 올려드렸다. 그날은 내 인생에서 가장 완벽한 성공을 거둔 날이었다. 하나님이 주시는 사랑으로 사람들을 볼 수 있었고, 그들은 나를 돌아보며 마치 나와 함께 가고 싶은 것처럼 행동했다. 그제야 나는 깨달았다. 하나님께 '도취하여' 끊임없이 하나님과 영으로 교류했던 예수님이 길을 걸어가실 때 그분이 그토록 놀라운 흡인력을 가지셨던 이유가 조금은 이해될 것 같았다.[주19)]

사람들이 하나님과 친밀감을 느끼지 못하는 이유는 날마다 기도하는 습관이 형성되어 있지 않아서 그렇다. 일주일에 한 번 교회 가서 예배드리는 것도 좋지만, 그것만으로는 하나님과 가까워지기 힘들다. 당신의 배우자나 자녀하고 일주일에 한 번만 이야기한다면 어떻겠는가? 하나님은 날마다, 매 순간, 당신과 함께 이야기하길 원하신다.

하나님과의 거리가 기도의 거리만큼만 떨어져 있다는 것은 오히려 좋은 소식이다. 당신과 하나님간의 최단 거리는 당신의 무릎과 바닥간의 거리다. 그렇다고 무릎을 꿇거나, 머리를 숙이거나, 손을 모아야만 하나님이 들으신다는 얘기는 아니다. 기도는 눈을 감고 하는 것이라기보다 눈을 열고 하는 것이다. 기도가 반드시 '하나님

---

19. 로렌스 형제 & 프랭크 루박, 하나님의 임재 연습 플러스(생명의 말씀사, 2013).

아버지'로 시작해서 '아멘'으로 끝날 필요는 없다. 사실 최고의 기도는 그런 것과 전혀 상관이 없다. 최고의 기도는 날마다 주님 뜻대로 살아가는 삶이다.

기도를 게임으로 만들어 보라. 실험 삼아 새로운 자세, 이를테면 걷거나 무릎을 꿇는 등의 안 해본 자세로 기도해 보라. 실험 삼아 안 해본 형태, 이를테면 금식이나, 철야나, TV와 인터넷 사용 중단 등의 형태로 기도해 보라. 중요한 건 무언가를 희생해서 그것을 기도로 대체한다는 것이다. 실험 삼아 기도의 시간을 바꾸어 보라. 이를테면 이른 아침이나 밤늦게 기도해 보는 것이다. 실험 삼아 색다른 기도 방법을 사용해 보라. 기도 제목을 작성하고 기도 일기를 적어 보라.

하나님이 당신 삶에서 새로운 일을 하시기 원한다면 당신도 예전의 것만 고집해서는 안 된다. 뭔가 색다른 걸 시도해 보라. 그러면 뭔가 색다른 일이 일어나는 걸 보게 될 것이다.

오늘의 기도 전략　습관의 변화 + 장소의 변화 = 관점의 변화

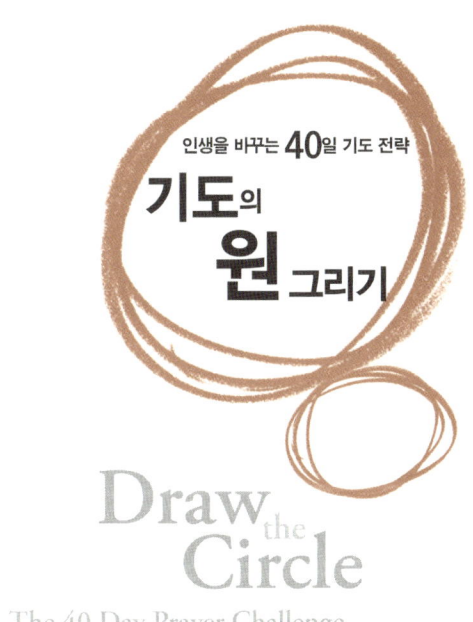

인생을 바꾸는 **40**일 기도 전략

기도의 원 그리기

Draw the Circle
The 40 Day Prayer Challenge

인생을 바꾸는 **40**일 기도 전략

Day 27

곱절의 축복

"그러나 이런 귀신은 기도와 금식이 아니면 나가지 않는다"
(마 17:21, 현대인의성경)

　　13년이라는 세월 동안 나는 내가 쓴 글에 만족할 수가 없었다. 컴퓨터 안에는 반만 쓰고 끝내지 못한 원고들이 가득했지만 도저히 한 권도 제대로 완성할 수가 없었다. 책을 쓰겠다는 소망은 한낱 신기루에 불과한 것만 같았다. 그런 낙심과 좌절이 절정에 이르렀을 때 결국은 지푸라기라도 잡는 심정으로 40일 미디어 금식 기도를 단행하기로 했다. 그런데 바로 그것이 내 집필 인생의 전환점이 되어 주었다. 나에게는 돌파구가 필요했지만 그러기 위해서는 기도만으로는 부족했다. 기도와 함께 금식도 필요했다. 그동안 집필은 일종의 기도가 되었다. 컴퓨터 자판을 치는 게 아니라 기도를 치는 것이었다. 그렇게 모든 게 끝났을 때 내 생애 최초의 자비출판 책이 완성되어 있었다.

살다 보면 기도만으로는 부족하게 느껴질 때가 있다. 그때는 기도와 함께 금식도 겸해야 한다. 마태복음 17장 21절에는 기도와 금식이 병행할 때 일어나는 기적이 따로 있다고 기록되어 있다마태복음 17장 21절은 영어 성경 〈KJV〉, 한글 성경 〈현대인의성경〉 버전에만 본문이 기록되어 있고, 개역개정 등에는 본문이 (없음)으로 표기되어 있다. -편집자 註. 우리가 이 중 잠금장치를 풀기 위해서는 기도와 금식을 모두 사용해서 기적을 풀어내야 한다. 이 두 가지 영적 훈련은 더하기가 아니라 곱하기의 능력과 효과가 있다. 우리를 하나님 앞으로 더 가까이, 더 빨리 나가서게 하는 것이 금식이다. 금식에는 인내와 절제가 필요하지만 고압산소방이 치료를 가속하는 것처럼, 클릭 한 번으로 어디든 가게 만드는 인터넷 링크처럼, 금식은 우리 기도를 가속한다. 금식은 가속기도인 셈이다.

금식에는 여러 가지 다양한 형태가 있다. 나는 정초마다 과일과 채소만 먹는 다니엘식 금식을 21일 동안 한다.[주20] 때로는 해 뜰 때부터 해 질 때까지 음식을 안 먹는 금식도 하고, 아예 아무것도 안 먹는 완전 금식을 단기간 동안 할 때도 있다. 금식이라고 하면 보통

---

20. 다니엘 금식에도 여러 형태가 있다. 금식을 하기 전에 건강식을 권하는 요리책들을 참조하기 바란다.

은 음식을 절제하는 것을 의미하지만 미디어 금식^{대중매체를 끊는 것}도 매우 효과적인 방법이다. 하나님의 음성을 잘 듣기 위해서는 주변의 소음을 차단해야 한다. 텔레비전 금식, 게임 금식, 휴대폰 금식 같은 것들은 하나님의 음성을 또렷이 듣기 위한 현대인의 필수 금식이라고 볼 수 있다.

어떤 것을 금식하건 관건은 시간과 목표를 정해 놓는 것이다. 언제 금식을 시작하고 끝낼지를 정확히 정해 놓지 않으면 자꾸 변명과 타협 거리를 찾게 되고, 결국은 중도에서 그만둘 가능성이 높다. 따라서 금식의 시작일과 종료일을 정하고 무엇을 위해 금식하는지를 분명하게 정해 놓아야 한다.

어떤 것에 얽매어 있는 느낌이 든다면 속박을 풀기 위한 금식을 해도 좋다. 현명하게 결정을 내릴 수 있도록 분별력을 달라고 금식하거나 은혜를 구하는 금식도 의미가 있다. 새로운 한 해, 새 직장, 새 사업 등을 하나님께 바치는 의미에서 금식할 수도 있다. 아니면 재정과 인간관계와 정서적인 문제를 위해 금식할 수도 있고 단순히 하나님과의 친밀감을 위해 금식할 수도 있다.

연약한 육신

예수님은 십자가에 달려 돌아가시기 전날에 겟세마네 동산에서 피땀을 흘리며 기도하셨다. 제자들도 그런 주님 곁에서 기도해야 마땅하건만 그들은 기도는 하지 않고 잠만 쿨쿨 잤다. "너희가 나와 함께 한 시간도 이렇게 깨어 있을 수 없더냐"라고 하실 때 예수님의 목소리에 묻어 있는 실망감을 충분히 이해할 수 있을 것이다.

그 말씀은 우리도 새겨들을 만하다. 그래서 곧이곧대로 우리 자신에게 한 번 적용해 보자.

한 시간의 기도는 당신의 삶을 상상도 못 할 만큼 변화시킬 거라고 나는 장담한다. 하나님의 권능이라는 새로운 차원의 세상을 열어줄 것이고, 정말 사랑하기 힘든 사람도 사랑할 수 있는 힘을 부여해 줄 것이다. 또한 최대의 난제 앞에서 올바른 선택을 할 수 있는 지혜도 허락할 것이다.

가장 도움이 절실한 순간에 제자들은 예수님을 실망시켰다. 하지만 예수님만 속이 상했던 게 아니었다. 그들 역시 그 대가를 치러야 했다. 자, '만약에' 이론을 여기에 적용해서 질문 한 가지를 해보겠다. 만약에 베드로가 잠을 자지 않고 열심히 기도했다면, 과연 그가 예수님을 세 번이나 부인했을까? 혹시 기도를 안 했기 때문에 그런 일이 벌어진 건 아닐까? 물론 이건 가정일 뿐 확신한 증거는 없지만, 베드로가 기도했다면 십중팔구 부인의 유혹을 피할 수 있었으리라고 생각한다. 그의 배신은 겟세마네 동산에서 기도 대신에 잠을 잘 때 시작된 것이다. 영적 전쟁의 승패는 바로 거기에서 갈린다.

그 상황에서 예수님이 문제의 정곡을 찌르셨다.

"마음에는 원이로되 육신이 약하도다" 마 26:41

이보다 맞는 말이 또 있을까?

우리는 마음으로는 기도하기를 원한다. 하지만 연약한 육신이 그것을 방해한다. 문제는 마음이 아니라 의지, 정확히 말해서 의지력이다. 그래서 우리에게는 금식이 필요하다. 금식은 더 열심히 기도할 수 있는 힘을 준다. 금식 자체가 의지력이 없으면 안 되는 일이기 때문이다. 육신적 단련은 기도할 수 있는 영적 단련을 가능케 한다.

솔직히 고백하자면 영성훈련 중에서 내가 가장 힘들어하는 것이 금식이다. 이유는 뻔하다. 먹는 걸 좋아해서다. 하지만 금식은 하나님을 향해 "먹는 걸 갈구하는 것 이상으로 당신을 갈구합니다"라는 행위적 표현이다. 또 한 가지 깨달은 것은 음식을 거부할 때 육신이 원하는 어떤 것도 거부할 수 있게 된다는 점이다. 말하자면 나의 의지력을 강화하는 영적 운동인 셈이다. 내가 음식을 향해 '안 돼'라고 말하면 다른 형태의 유혹을 향해서도 얼마든지 '안 돼'라고 말할 수 있었다.

사람이 운동을 하면 일시적으로 근육에 손상이 일어나지만 이후에는 더 강한 근육이 발달하게 된다. 마찬가지로 금식은 우리의 교만과 속박과 욕심을 부수고 깨뜨린다. 나쁜 습관을 중단시켜 좋은 습관이 형성되도록 한다. 영적 무감각을 치료해서 성령에 민감하게 만드는 데 금식만큼 좋은 것이 없다.

당신이 지금까지 나약하게 살았다면 하나님이 당신을 성령의 능력으로 붙드실 것이다. 40일을 금식하신 예수님은 육체적으로 몹시 허약한 상태였지만 "예수께서 성령의 능력으로 갈릴리에 돌아가시니"라고 성경은 말한다 눅 4:14.

속을 비우라

내가 점점 더 확신하는 사실은 어떤 기도든지 그 기도의 응답은 성령이라는 점이다. 당신에게 더 많은 능력이 필요한가? 그러면 더 많이 성령에 충만해지라. 더 많은 지혜가 필요한가? 그러면 더 많이 성령에 충만해지라. 더 많은 사랑과 평강과 기쁨과 인내와 온유와 자비와 양선과 충성과 절제가 필요한가? 그러면 더 많이 성령에 충만해지라.

우리는 성령으로 충만해져야 한다. 그러기 위해서는 먼저 우리 지신을 비워야 한다. 자신을 비울 수 있는 최고의 길이 바로 금식이다.

중대한 결정을 내려야 할 때면 나는 금식 기도를 드린다. 금식은 내 몸을 정화시킬 뿐 아니라 정신과 영도 정화시키고 마음의 동기도 정화시킨다. 또한 문제 해결의 돌파구가 필요할 때에도 금식 기도를 한다. 그러면 문제의 해결만이 아니라 내 마음의 응어리도 함께 해결된다. 성경에서 텅 빈 위장은 가장 강력한 기도의 도구였다. 무릎을 꿇는 것보다도 강력했다. 곡기를 끊는 것은 우리가 얼마나 절박한가를 하나님께 보여드리는 행위다. 우리가 금식하면 하나님은 우리 일을 자신의 일로 삼으신다.

당신이 간구하는 기도 제목 중에서 어떤 것들은 금식이 필요할지도 모른다. 금식을 통해 한 차원 높은 단계로 나아갈 필요가 있을 것이다. 가족, 혹은 친구들을 위해 금식이라는 곱절의 원을 그리며 중보해 보라. 우리 교회에서 40일 작정 기도를 드릴 때에는 소그룹들이 지인들의 암 투병과 취직과 가정 회복을 위해 금식하며 기도했다. 기도와 금식을 병행해서 곱절로 기도할 때 곱절의 축복을 받는 건 절대 놀라운 일이 아니다.

 **오늘의 기도 전략** 나쁜 습관을 끊고 싶다면 기도의 습관부터 들여라.

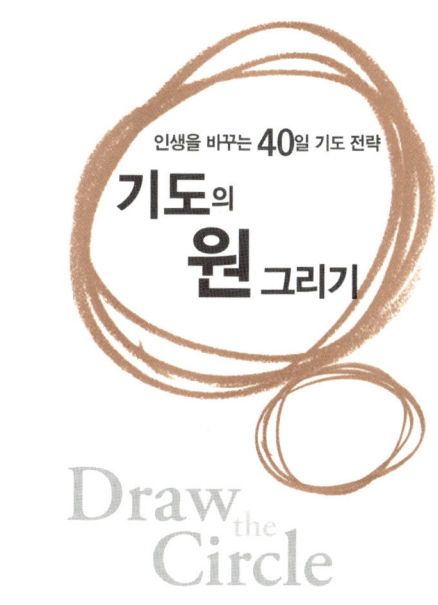

인생을 바꾸는 **40**일 기도 전략

기도의 원 그리기

Draw the Circle
The 40 Day Prayer Challenge

인생을 바꾸는 **40**일 기도 전략

Day 28

기도를 멈춰라

"잘하였도다 착하고 충성된 종아"
(마 25:23)

십 년 전쯤, 나의 기도생활에 일대 전기를 마련한 한 가지 사건이 있었다. 조지타운 대학에서 IVF 간사로 일하는 제레미가 나와 함께 어떤 소그룹에서 기도를 드리고 있었다. 빠듯한 예산을 운영해야 했던 제레미는 자신의 대학 사역에 컴퓨터 한 대가 필요하다고 말했다. 기도 모임이 끝나기 직전이었으므로 나는 그 제목을 위해서도 함께 기도하자고 제안했다. 하지만 기도를 시작하자마자 주님께서 기도를 그만두라는 마음을 주셨다. 그리고 이렇게 말씀하시는 것 같았다. "왜 나에게 구하느냐? 너에게 남는 컴퓨터가 한 대 있지 않으냐?" 나는 기도를 하다 말고 제레미에게 우리가 그것에 대해 기도할 필요가 없다고 말했다. 그리고 나에게 남는 컴퓨터가 한 대 있으니 그것을 사용하라고 했다.

자신이 충분히 할 수 있는 일을 하나님께 간구하는 경우가 적지 않다. 자기 힘으로 얼마든지 할 수 있는 일인데 하나님께 해 달라고 매달린다. 그리고는 왜 하나님이 응답하지 않으시는지 의아해 한다. 하나님은 우리가 할 수 있는 일을 대신 해주는 분이 아니다. 인간의 힘으로 가능한 영역까지 도와달라는 기도를 좋아하지 않으신다. 인간의 힘으로 불가능한 것을 도와달라고 해야 좋아하신다. 그래야 하나님이 모든 영광을 받으시지 않겠는가.

개중에는 전혀 기도할 필요가 없는 것들이 있다. 이웃을 사랑해야 할지 말아야 할지에 대해서는 기도할 필요가 없다. 너그럽게 베풀고 희생으로 섬기는 문제도 기도할 필요가 없다. 누군가 우리 힘으로 도와줄 수 있다면 그것도 기도할 필요가 없다. 다른 뺨을 돌려 대고 십 리를 가주는 문제도 기도할 필요가 없다. 하나님은 이미 그런 문제들을 어떻게 해야 할지 말씀해 주셨다.

기도가 일종의 영적 나태가 되는 경우가 있다. 그때는 기도하기를 멈추고 행동에 돌입해야 한다.

프로그램에 대한 기도를 그만두고 신청서를 작성하라. 당신이 상처 준 친구에 대한 기도를 그만두고 그에게 전화를 걸라. 동료에 대한 불만을 그치고 그를 위해 기도하라. 선교사를 위해 기도만 하지 말고 후원금을 보내라.

나는 피터 마샬Peter Marshall 전 상원의원을 존경한다. 그가 상원위원회에서 드렸던 개회 기도는 언제 들어도 감동적이다. 피터 마샬이야말로 성경을 실천적 진리로 받아들인 사람이었다.

복음서를 펼치고 읽다가 무언가를 하라는 지시가 나오면 곧바로 밖에 나가서 그것을 행한 뒤에 …… 다시 그 내용을 읽는다면 어떤 일이 일어날지 궁금하다…….

복음서의 말씀 중에는 애매하고 이해하기 어려운 대목들이 있다. 그러나 문제는 그런 어려운 내용들이 아니다. 매우 쉬운 내용들, 오해할 여지가 없는 내용들을 실천하지 않는 게 문제다.

결국 그 말은 우리의 문제가 무엇을 해야 할지 몰라서 생기는 문제가 아니라는 것을 보여준다. 무엇을 해야 할지는 너무도 잘 안다. 다만 하려고 하지 않을 뿐이다.주21)

부디 내가 말하는 것을 오해하지 말기 바란다. 무엇을 위해서든 기도하라. 열심히 기도하라. 그러나 어떤 경우에는 기도를 그치고 행동에 나서야 할 때가 있다. 우리가 범하는 큰 실수 중의 하나는

---

21. Peter Marshall, Mr. Jones, Meet the Master: Sermons and Prayers of Peter Marshall (Old Tappan, N.J.: Revell, 1988), 143-44.

우리가 하나님을 위해 해야 할 일을 우리 대신 하나님께 해 달라고 간구하는 것이다. 이건 역할이 뒤바뀐 것이다. 예를 들어 주변의 누군가에게 양심의 가책을 느끼게 하는 것은 성령이 알아서 하실 일이지 우리가 할 수 있는 일이 아니다. 마찬가지로 우리 스스로 할 수 있는 일을 하나님께 해 달라고 해도 안 된다. 그와 같은 분별력이 모자라서 영적으로 답답해하는 사람들이 많다.

우리는 무엇을 위해서든 기도해야 하지만 기도가 불순종, 나태, 무시의 방편이 되어서는 안 된다. 모든 것이 하나님께 달린 것처럼 기도하되 모든 것이 우리에게 달린 것처럼 일해야 함을 명심하라.

동사형

기독교 신앙이 명사형이 되면 타성에 젖는다. 기독교는 언제나 동사형, 더 구체적으로 말하면 행위 동사가 되어야 한다. 사도행전 使徒行傳이라는 제목 자체가 그 사실을 대변하고 있지 않은가? 사도행전은 생각이나 말의 책이 아니라 행동의 책이다. 말은 적게 하고 실천을 더 많이 한다면 우리도 분명히 초대 교회 같은 영향력을 끼칠 수 있다. 말이 나온 김에 한마디 더 하자면 그리스도인은 무언가를 반대하는 사람들보다는 무언가를 찬성하는 사람들로 알려져야 한다.

행동으로 이어지지 않는 기도는 참된 기도가 아니다. 그런 기도는 독백일 뿐이다. 우리가 하나님께 무언가를 말씀드리면 하나님도 우리에게 말씀하신다. 우리를 자극하고, 흔들고, 일깨우고, 독려하신다. 그때 '아멘'이라고 했으면 더 이상 선택의 여지가 없는 것이다.

우리 교회 성도 중에 모든 것을 뒤로하고 지구 반대편으로 떠난 선교사 가족이 있다. 그들이야말로 하나님 나라의 진정한 영웅들이다. 몇 해 전에 이름이 '베키'인 자매는 하나님이 주신 열정을 갖고 인도의 한 작은 마을로 들어갔다. 자신이 목격한 불의를 위해 기도만 하기보다는 그에 대해 뭔가를 해야 한다고 생각했기 때문이었다.

나는 인신매매를 통해 성 노예가 된 여성들과 어린이들을 위해 일하려고 인도로 갔다. 그 대부분의 여성은 네팔인이었지만 인도로 끌려와 악명 높은 홍등가에서 강제로 매춘을 하고 있었다. 그들이 낳은 아이들은 매춘 굴에서 태어나 폭력과 강간과 굶주림 외에는 아무것도 알지 못하고 자랐다. 내가 그 여성들을 그런 상황에서 구출해 줄 수는 없지만 생존과 자녀들을 위해 소망과 힘을 줄 수는 있었다. 나는 무용 치료 센터를 운영하며 그들의 몸과 영을 연결시켜 하나님의 아름다운 피조물로서 자신을 새롭게 볼 수 있도록 도와주었다.

우리가 일했던 지역은 극도로 가난하고 말라리아가 창궐하는 곳이었다. 나는 인신매매 반대 운동을 펼치는 사람이었으므로 인신매매단이나 매춘업자들에게는 공공의 적이 되어 있었다. 부모님도 제발 그곳을 떠나라고 호소했지만 떠날 수가 없었다. 그들 한 사람 한 사람의 충혈되고 고통에 차 있는 예쁜 눈매, 그리고 손을 잡아 주고, 안아 주고, 위로해 주고, 무엇보다 자신을 사랑해 주기 바라는 그들의 모습에서 하나님이 보였다.

모든 사람 안에 하나님의 형상이 있음을 정말로 믿는다면 왜 그 믿음대로 행동하지 않는가? 왜 우리는 가난한 사람들과 고아와 과부와 창녀들에게서 얼굴을 돌리는 건가? 물론 그들에게 기도와 위로가 필요한 건 사실이지만 기도만으로 모든 고통을 해결할 수는 없다. 하나님은 인간을 위해 기도하라고 아들을 보내신 것이 아니라 인간을 위해 행동하라고 아들을 보내셨다. 직접적으로 악을 행하는 사람보다 나를 더 화나게 하는 것은 행동하지 않음으로 불의를 방관하는 사람들이다. 예수님은 하나님의 말씀을 행동으로 실천하셨다. 그러므로 우리도 같은 일에 삶을 바쳐야 마땅하다.

결국 하나님은 "잘 말했도다, 착하고 충성된 종아!"라고 하시지 않을 것이다. 혹은 "잘 생각했도다"라든가, "잘 계획했도다"라든가,

심지어 "잘 기도했도다"라고 칭찬하지 않으실 것이다. 오직 그분은 우리에게 "잘하였도다, 착하고 충성된 종아"라고 칭찬하실 것이다.

 기도만 하지 말고 뭔가를 해 보라.

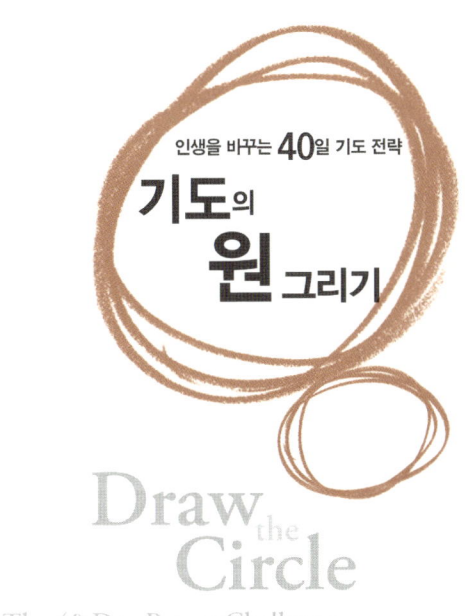

인생을 바꾸는 **40**일 기도 전략

기도의 원 그리기

Draw the Circle
The 40 Day Prayer Challenge

인생을 바꾸는 **40**일 기도 전략

Day 29

새로운 기도

"새 노래로 여호와께 노래하라"
(시 96:1)

영적 성숙은 어려운 문제다. 영적으로 성숙하기 위한 열쇠라면 영성 훈련을 통해 바람직하고 거룩한 습관을 들이는 것이다. 그러나 습관이 일상이 되면 일상을 바꾸어야 할 필요가 있다. 우뇌의 상상력이 아니라 좌뇌의 기억에만 의존할 때 거룩한 습관도 공허한 의식이 될 수 있기 때문이다.

습관은 중요하고 우리 삶에 필요한 요소다. 누구나 아침에 일어나면 세수를 하고 로션을 바르는 등의 아침 습관이 있다. 그런데 습관에도 맹점이 있다. 좋은 습관이 나쁜 습관으로 변할 수 있다는 것이다. 영적인 차원에서 볼 때 가장 큰 위험은 방법만 배우고 그 이유를 잊어버리는 것이다. 어떤 일에 너무 익숙해지다 보면 타성에 젖어 상투적인 일로 전락할 수 있다. 방법만 익히고 이유를 망각한 신앙생활 역시 무의미한 동작의 반복이 되어 버린다.

몇 년 전에 재미있는 연구 결과를 본 적이 있다. 우리가 어떤 노래를 서른 번 정도 부르면 굳이 생각하지 않아도 입에서 가사가 저절로 흥얼거려진다고 한다. 물론 사람마다 차이는 있겠지만 그 현상 자체는 만인 공통이라고 한다. 이 사실을 예배와 연관 지어도 시사하는 바가 크다. 자칫하다가는 하나님을 예배하는 게 아니라 하나님께 립 서비스를 하는 의식으로 전락할 수 있음을 명심하라. 예배의 모든 의식은 진심으로 하나님께 내 마음과 감정을 표현하는 것이어야 한다.

서로에게 사랑을 표현하는 방법이 오로지 백화점 상품권을 주는 것밖에 없는 부부를 상상할 수 있겠는가? 진심이 담긴 자신의 말이 아니라 남의 말만을 인용해서 사랑을 표현한다면 어떻게 되겠는가? 그런데 많은 성도가 그런 식으로 하나님을 예배한다. 다른 사람이 쓴 표현을 앵무새처럼 따라 하고 남의 말이 스크린에 비치지 않으면 무슨 말을 해야 할지, 무슨 노래를 불러야 할지 알지 못한다.

시편 기자는 새 노래로 노래하라고 여섯 번이나 이야기했다시 33:3, 40:3, 96:1, 98:1, 144:9, 149:1. 하나님도 분명 옛 노래에 물리셨을 것이다. 하나님은 우리가 기억력만 사용해서 예배하는 걸 원치 않으신다. 모든 상상력을 총동원해서 예배하기를 원하신다. 사랑은 반복적인 게 아니라 창의적인 것이다. 사랑이 깊을수록 새로운 가사와 멜로디가 솟아나야 한다. 사랑의 새로운 차원을 노래하기 위해서는 새 노래가 필요하다. 당신이 아내를 향해 똑같은 사랑표현만 반복한다면 언젠가는 당신의 사랑을 믿지 못하게 될 것이다. 왜 그럴까? 반복적인 행위는 옛 감정을 되풀이하는 것에 지나지 않기 때문이다.

우뇌 기도

좌뇌 예배는 생명력이 없다. 좌뇌 기도도 마찬가지다. 예수님은 우리에게 이렇게 경고하셨다.

> "또 기도할 때에 이방인과 같이 중언부언하지 말라 그들은 말을 많이 하여야 들으실 줄 생각하느니라 그러므로 그들을 본받지 말라 구하기 전에 너희에게 있어야 할 것을 하나님 너희 아버지께서 아시느니라" 마 6:7-8

자칫하면 기도가 틀에 박힌 것이 되기 쉽다. 노상 같은 소리만 반복하다가 '아멘'으로 끝을 맺는가? 새 노래가 필요한 것처럼 새 기도로 기도하는 일도 필요하다. 한 번 참신한 내용을 담아서 참신한 방법으로 기도해 보라.

인간에게는 고정된 방식대로 생각하고 행동하려는 경향이 있다. 언제나 하던 방식대로 하려는 경향을 가리켜 '경험 의존적 오류'라고 부른다. 이는 매우 복잡한 인식 과정이지만 어쨌든 결과는 생각이 없는 '무분별'이다. 우리는 아무런 생각도 없이 어떤 일들을 한다. 기도할 때도 생각 없이 그냥 할 때가 있다.이것은 생각만 하고 기도를 안 하는 것만큼이나 위험한 일이다.

몇 년 전, 내가 우리 교회에서 '경험 의존적 오류'를 극복하자는 설교를 했더니 교인 한 명이 감동을 받아 다음과 같은 실험을 했다고 한다.

저는 목사님의 설교를 들은 뒤에 제가 당연시했던 일상의 기적들에 대해 하나님께 감사하자고 마음먹었습니다. 사실 그렇게 하다 보면 감사 제목이 하염없이 길어질 것이므로, 일단은 제가 기도하는 시점에서 누리고 있는 것들부터 감사하기로 했습니다. 그래서 이렇게 시작을 했습니다. '하나님 감사합니다. 산소를 호흡하게 해 주셔서 감사합니다. 현재 ATP를 생산하고 있는 미토콘드리아로 인해 감사합니

다. ATP로 인해 감사합니다. 당 분해로 인해 감사합니다. 초성포도산염으로 인해 감사합니다.'

생물학을 전공한 저는 그런 식으로 많은 것들을 감사했습니다. 알링턴에 거의 도착했을 때는 하나님께 아미노산에 대해 감사하고 있었습니다.

'하나님, 글리신으로 인해 감사합니다. 류신과 이소류신과 트립토판으로 인해 감사합니다.'

저는 아미노산을 형성하고 있는 모든 기관이 같은 장성을 갖고 있어서 제 몸이 영양소를 재사용할 수 있고 소화된 음식으로 세포를 만들 수 있다는 사실에 감사했습니다. 그러면서 새삼 하나님이 만드신 인체의 완벽함에 감탄하게 되었지요.

밖에 잠깐 나가서 산책하는 동안에는 제 몸속의 뼈와 인대와 힘줄에 대해 감사했습니다. 또한 대학에서 해부학 수업을 들은 적이 없다는 사실에 감사했습니다. 아마 그랬다면 모든 뼈의 이름을 부르며 감사했을 것이고 그 순간 내가 누리는 것에 감사하겠다는 나의 기도는 무한대로 길어졌을 것입니다.

저는 그날 하루, 쉬지 않고 기도했습니다. 정말 한순간도 멈추지 않고 계속해서 기도할 거리를 찾아 감사했지요. 음악을 들으면 제 귀의 달팽이관으로 인해 감사드렸고 저녁 식사를 준비할 때는 제가 다듬고 있는 채소들의 엽록소에 감사했습니다. 또한 물의 분자 구조에 대해 오랫동안 감사했고, 음식을 소화하게 해 주는 장 속의 박테리아에 대해 감사했고, 유전적 재결합을 통해 목화 재배를 해서 제가 입고 있는 청바지를 만들게 해 주셔서 감사하다고 했습니다.

밤 9시경이 되자 제가 종일 온갖 것에 대해 감사했던 엉뚱한 기도들 때문에 하나님이 좀 즐겁지 않으셨을까 하는 생각이 들었습니다. 얼마 후 성령께서 마침내 저에게 말씀하시더군요.

'이젠 그만 좀 해라.'

이것이야말로 진정한 우뇌 기도가 아니겠는가?

하나님은 모든 사람이 같은 방식으로 기도하길 원하지 않으신다. 우리는 자신의 개성대로 기도해야 한다. 내가 드리는 기도의 특징을 꼽으라면 유머를 들 수 있다. 기도 중에 농담을 많이 하기 때문에 기도하다 말고 혼자서 키득거릴 때가 많다. 어떤 이들은 이것을 불경스럽다고 할지 모르지만 나는 정말로 농담하는 걸 좋아한다. 그런데 하나님에게만 그러지 말라는 법이 어디 있는가? 대화 중에 농담 한마디 안 하는 사람이 있을까? 그런 관계는 따분하기 이를 데 없다. 내가 하는 농담에 하나님이 늘 웃으시는지 어떤지는 잘 모르겠지만, 분명한 건 유머감각을 만든 분이 하나님이라는 사실이다.

당신이 앞으로 기도할 때는 지금까지와 다른 시간에 색다른 자세로 기도해 보라. 평소에 소리 내서 기도하는 편이라면 이번에는 글을 쓰며 기도해 보라. 기도할 때 무릎을 꿇고 했다면 다음번에는 걸어가면서 기도해 보라. 고정된 틀을 깨고 새로운 방법을 시도해서 주님께 새로운 기도를 드려 보라.

 하나님께 새로운 일을 해 달라고 하면서 당신은 왜 옛 방식만을 고집하는가?

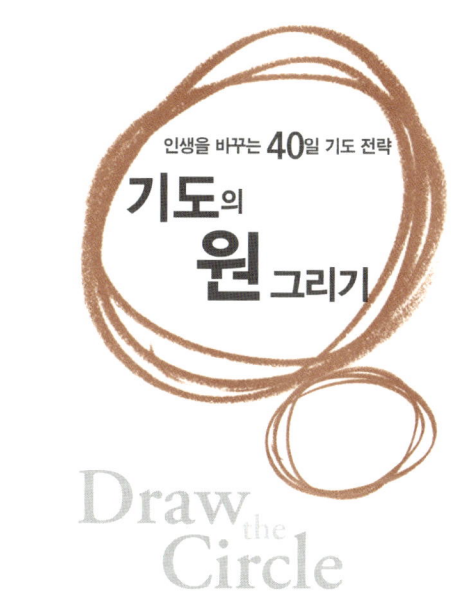

인생을 바꾸는 **40**일 기도 전략

기도의 원 그리기

Draw the Circle
The 40 Day Prayer Challenge

인생을 바꾸는 **40**일 기도 전략

Day 30

내 안에 거하라

"…… 내 말이 너희 안에 거하면……"
(요 15:7)

고대 유대 사회에서는 아이가 6살이 되면 정규 교육을 시작했다. 유대인 소년들은 〈벳 세베'책의 집'이라는 뜻〉라고 불리는 지역의 회당 학교에 입학했는데, 전승에 따르면 수업 첫날 랍비가 석판 위에 꿀을 발라서 가져왔다고 한다. 꿀은 하나님의 은혜를 상징하는 것이다. 랍비는 학생들에게 자기 석판에 있는 꿀을 핥아 먹으며 시편 119편을 암송하라고 했다.

"주의 말씀의 맛이 내게 어찌 그리 단지요 내 입에 꿀보다 더 다니이다"시 119:103

그것이 신입생들의 첫 수업이었고 가장 중요한 교훈이었다. 즉, 하나님의 말씀보다 더 달콤한 것이 없음을 가르쳐 주고, 성경이야말로 젖과 꿀이 흐르는 땅이자 진정한 약속의 땅임을 알려 주려는 것이었다. 4년 동안 벳 세베에서 공부한 학생들은 토라 전체를 암송했다. 창세기, 출애굽기, 레위기, 민수기, 신명기에 있는 한 구절 한 구절을 전부 암기하면서 대뇌 피질에 새겨 넣었다.

벳 세베를 졸업한 학생 중에 성적이 우수한 학생들은 〈벳 탈무드배움의 집〉에 진학했다. 열 살에서 열네 살에 이르는 학생들은 그곳에서 구약 성경의 나머지 부분을 암기했다. 내가 보기에는 예수님도 벳 탈무드를 다니셨던 것 같다. 성경에는 그런 기록이 나와 있지 않지만, 열두 살의 나이에 해박한 성경 지식으로 성전 랍비들을 놀라게 하신 걸 보면 그런 추측도 가능하다고 생각한다눅 2:46-47.

벳 탈무드에서 공부한 학생 중에서 극소수는 〈벳 미드라쉬공부의 집〉에 진학했고 나머지는 보통 집으로 돌아가서 가업을 이었다. 벳 미드라쉬 신입생들은 랍비에게 자신을 제자로 받아줄 수 있느냐고 물었다. 그때 랍비가 '와서 나를 따르라'고 말하면 제자로 받아들이겠다는 구두 약속이었다. 그 약속 안에는 자신에게 전적인 순종과 완전한 헌신을 바쳐야 한다는 암묵적 요구 사항이 포함되어 있었다. 제자는 랍비의 멍에를 자신의 멍에로 메어야 했다. 이때 멍에란 랍비의 철학과 행동 전부를 의미했다. 즉, 깨어있는 모든 순간을 랍비와 함께하면서 그가 가는 곳이면 어디든 따라가고, 그가 하는 일이면 무엇이든 따라 하고, 그가 하는 말이면 무엇이든 들어야 한다는 뜻이었다.

제자들의 완전한 헌신은 '랍비의 먼지로 뒤덮인다'는 표현까지 만들어 냈다. 제자들은 언제나 랍비를 따라다녔기 때문에 랍비의 발길에 날리는 먼지를 말 그대로 뒤집어써야 했다.

하나님의 말씀

하나님 앞으로 나아가는 확실한 길은 하나님의 말씀을 읽는 것이다. 하나님의 말씀을 읽으면 그 말씀이 우리 안에 들어온다. 그러면 우리의 사고와 마음과 생활 방식이 달라진다. 하지만 그러기 위해서는 성경을 생각 없이 읽으면 안 된다. 사실 성경은 읽는 책이 아니라 암기하고 묵상하는 책이다. 또한 기도하며 그 말씀을 실천해야 하는 책이다. 우리는 하나님의 말씀 안에 거함으로써 그 말씀이 우리 안에 거하도록 해야 한다.

성경에 반복되어 있는 말씀은 우리가 새겨들어야 하기 때문에 반복된 것이다. 말하자면 '이 말을 한쪽 귀로 듣고 한쪽 귀로 흘려보내면 안 된다'는 경고인 셈이다. 그래서 반복되는 말씀에는 더 특별한 주의를 기울여야 한다. 그중 하나가 '거하다'라는 말이다. 요한복음 15장에는 그 말이 무려 여덟 번이나 반복되어 있다. 7절에서 예수님은 "너희가 내 안에 거하고 내 말이 너희 안에 거하면 무엇이든지 원하는 대로 구하라 그리하면 이루리라"고 말씀하셨다.

'거하다'라는 단어는 현재형 명령 동사로서 지속적인 행위를 가리킨다. 따라서 한 번 거하고 마는 것이 아니라 일평생 지속해서 거하라는 뜻이다. 하지만 그것만이 다가 아니다. 지속해서 거하는 목적은 하나님께 더 가까이 다가서기 위함이다. 다시 말해, 하나님의 말씀 안에 거함으로써 그분과 더욱 가까워지고 친밀해지려는 것이다.

랍비 전승에 따르면 성경의 말씀마다 70개의 얼굴과 60만 개의 의미가 있다고 한다. 그렇다면 각각의 말씀이 만화경인 셈이다. 그중 대표적인 것이 '거하다'라는 말씀이다. 그럼 이 만화경을 다섯 가지 각도에서 들여다보기로 하자.

* 하룻밤을 머물다 돌아가시기 전날에 밤을 새워 기도하셨던 예수님처럼 우리도 때로는 하나님 앞에 좀 더 오래 머물러 있어야 한다. 그분 앞에 오래 머물면 그분의 임재도 오랫동안 함께 할 것이다. 내 경험으로 볼 때, 하나님께 오래 기도하면 할수록 더 많은 축복을 내려 주셨다. 하나님 앞에 오래 머무르는 사람을 하나님은 유용히게 사용하신다. 그만큼 그를 신뢰할 수 있기 때문이다.

* **단단히 붙들다** 기도할 때마다 영적 세계에서 우리의 위치는 더욱 공고해진다. 그래서 하나님의 나라가 확장되고 어둠의 세력은 후퇴한다. 우리가 사용하는 가장 효과적인 무기가 하나님의 말씀이다. 예수님이 사탄에게 시험받을 때에도 이 무기를 사용하셨다. 하나님의 말씀에 거하는 것은 원수의 영역을 빼앗아 우리 땅으로 삼는 길이다. 그것이 최고의 공격이자 최고의 방어다.

* **가만히 서 있다** 이스라엘 백성이 애굽 군대와 홍해 사이에서 진퇴양난에 처했을 때 모세는 백성들에게 이렇게 말했다. "너희는 두려워하지 말고 가만히 서서 여호와께서 오늘 너희를 위하여 행하시는 구원을 보라"출 14:13. 우리가 바위와 난관 사이에 끼어있을 때에는 하나님의 말씀에 굳게 서서 그분의 약속을 신뢰해야 한다. 어떤 문제는 우리 힘으로 해결할 수 없고 어떤 상황은 우리 힘으로 바꿀 수 없다. 그럴 때 우리는 당황하고 불안해지기 마련이지만 그럴수록 가만히 서서 주의 구원을 기다려야 한다. 그런 문제와 상황을 원하는 사람은 아무도 없다. 그러나 하나님은 그런 순간에 가장 극적인 기적을 일으켜 주신다.

* **움직이게 하다** 학개 선지자는 이렇게 말했다. "여호와께서 …… 스룹바벨의 마음과 …… 감동시키시매"학 1:14. 하나님의 말씀이 영적 자궁과 같은 우리의 영 안으로 들어오면 새로운 열정이 마음속에서 샘솟아난다. 그때는 가만히 있는 것이 불가능해진다. 하

나님의 말씀에 거하는 사람이 뒤에서 방관자로 살아가기란 대단히 힘들다. 자원해서 최전선으로 달려갔던 다윗처럼 우리도 때려눕힐 거인을 찾게 될 것이다.

* **기다리다** 승천하시기 전에 예수님이 제자들에게 당부하신 말씀이 바로 이것이었다 눅 24:49. 제자들이 다락방에서 열흘을 기다렸던 것처럼 우리도 하나님의 말씀을 기다려야 한다. 사실 성경 공부와 기도는 별개의 영성 훈련이 아니다. 하나가 다른 하나로 이어지는 고리가 된다.

하나님을 위해 너무 바쁘게 일하다 보면 한 가지 사실을 망각할 위험이 있다. 우리가 하는 모든 사역의 성공 여부는 하나님이 우리를 위해 일하시도록 하느냐에 달려 있다는 사실이다. 하나님과 동행하지 않으면서 그분을 위해 일한다는 건 있을 수 없는 일이다. 우리는 먼저 그분 앞에 머물러야 한다. 그럴 수 있는 가장 확실한 방법이 하나님의 말씀을 읽고 묵상하는 것이다.

유대 왕들은 자신의 손으로 율법서를 필사했다고 한다. 그래서 어디를 가든 그 필사본을 갖고 다녔다고 한다. 나는 그 사실에 큰 감명을 받았다. 마치 한 나라의 대통령이 헌법을 필사해서 날마다 읽는다는 것과 똑같은 일 아닌가? 그럼 하나님은 왜 왕들에게 그런 일을 요구하셨을까? 내 생각에는 율법을 가슴 깊이 내면화하고 죄를 짓지 않는 예방책으로서 그렇게 하신 것 같다.

> "그리하면 그의 마음이 그의 형제 위에 교만하지 아니하고 이 명령에서 떠나 좌로나 우로나 치우치지 아니하리니 이스라엘 중에서 그와 그의 자손이 왕위에 있는 날이 장구하리라" 신 17:20

물론 모든 그리스도인이 성경을 필사해야 할 필요는 없다. 다만 성경 말씀을 내면화하기 위해 성경에 나오는 모든 대명사에 당신의 이름을 넣어서 읽어보기를 권한다. 그러면 그 말씀이 더욱 당신 개인을 향한 직접적인 말씀으로 다가올 것이다. 당신의 삶이 성경의 독특한 버전이 될 때 사람들은 당신 삶을 읽을 것이며 그 삶에 영향을 준 원본 성경을 펼쳐 들고 싶어질 것이다.

묵상은 안 하고 읽기만 하는 것은 소화가 안 되는데 계속 먹는 것과 같다.

인생을 바꾸는 **40**일 기도 전략

기도의 원 그리기

Draw the Circle
The 40 Day Prayer Challenge

인생을 바꾸는 **40**일 기도 전략

Day 31

구체적으로 아뢰라

"너희에게 무엇을 하여 주기를 원하느냐"
(마 20:32)

여리고 성이 기적적으로 무너진 후 천 년이 지나서 같은 장소에서 또 다른 기적이 일어났다. 예수님이 여리고 시를 떠나가실 때 맹인 두 사람이 "주여 우리를 불쌍히 여기소서"라고 소리질렀다 마 20:30. 제자들은 그들을 귀찮은 방해꾼쯤으로 여겼지만 하나님이 보내신 사람들은 종종 의외의 모습을 하고 나타난다. 맹인들이 '대기하고 있는 기적'의 장본인인 줄도 모르고 제자들은 빨리 다른 곳에 가서 다른 일을 처리하려고 했지만, 예수님은 발길을 멈추시고 두 맹인을 향해 의미심장한 질문을 하셨다.

"너희에게 무엇을 하여 주기를 원하느냐?"

사실 그런 질문이 꼭 필요했을까? 그들은 앞을 못 보는 맹인들이었다. 그렇다면 그들이 무엇을 원하는지는 너무도 자명한 일이 아니겠는가? 그럼에도 예수님은 그들이 자신에게서 무엇을 바라고 있는지를 명확하게 이야기하도록 하셨다. 무엇을 원하는지 정확히 표현하도록 만드신 이유는 그들이 무엇을 원하는지 몰라서가 아니라, 그들이 원하는 걸 그들 자신이 분명히 알도록 하기 위함이었다.

만일 예수님이 당신에게 똑같은 질문을 하신다면 당신은 무엇이라고 대답할 것인가? "내가 너에게 무엇을 해 주면 좋겠느냐?" 그럴 때 당신은 하나님이 주신 꿈과 기적에 대한 소망을 자세히 이야기할 수 있는가? 미안하지만 그 말에 꿀 먹은 벙어리가 될 사람도 많을 것이라고 본다. 자신이 무엇을 원하는지도 모르면서 하나님이 왜 아무것도 해 주시지 않느냐고 원망하는 사람들이 있다. 정말로 어처구니없는 일이다. 질문에 대답을 못 하는 사람은 육신의 눈이 아니라 영의 눈이 어두운 소경이다.

자신이 원하는 걸 갖지 못하는 이유는 아이러니하게도 자신이 무엇을 원하는지를 알지 못하기 때문이다.

자신의 인생 목표를 정립해보거나 자기에게 성공은 어떤 의미인지를 생각해 본 적이 있는가? 하나님의 약속에 원을 그리며 기도해 본 적이 있는가? 많은 사람이 자기 기도가 응답되기도 전에 무엇을 위해 기도했는지조차 잊어버린다. 자신의 소망이 무엇인지를 확실히 아는 게 믿음이라면 소망이 무엇인지 모르는 건 믿음이 아니라고 해야 한다.

구체적인 기도

몇 년 전에 내 기도생활을 획기적으로 변화시킨 한 문장의 글을 읽게 되었다.

"하나님은 모호한 기도에 응답하지 않으신다."

그것을 보는 순간 내가 기도를 너무 두루뭉술하게 하고 있다는 생각이 번쩍 들었다. 어떤 기도는 너무 모호해서 하나님이 그 기도에 응답하셨는지조차 알기 힘든 것들도 있었다. 솔직히 실토하자면 무의식적으로 그물을 넓게 쳐 보려는 속셈이기도 했다. 믿음이 적은 나는 강으로 나가서 진짜로 원하는 낚싯줄을 드리우지 못했다. 하나님이 기도를 안 들어주실까 봐 아예 응답하실 기회마저 차단해버린 것이다.

믿음이 강할수록 더 구체적인 기도를 드리게 된다. 그리고 기도가 구체적일수록 하나님이 더 크게 영광을 받으신다. 반면에 기도가 구체적이지 않은 것은 하나님의 영광을 빼앗는 것과 마찬가지 일이다. 기도의 응답인지, 아니면 그냥 우연히 일어난 일인지 알지 못하는데 어떻게 하나님께 감사할 수 있겠는가? 구체적이고 명확한 기도는 하나님께 그분의 능력을 과시할 기회를 안겨드린다. 구체적인 기도를 해야 강인한 믿음이 생기고 구체적인 응답을 받는다.

세르게이와 알레오나 이사코브 부부는 러시아에서 사역하던 미국인 선교사들을 통해 20년 전에 예수 그리스도를 영접했다. 패션 디자이너였던 알레오나는 자신의 직업을 도구 삼아 수많은 사람에게 주님을 증거했다. 텔레비전으로 중계된 인터뷰는 물론이고 러시아, 이스라엘, 영국, 호주에서 생방송 된 패션쇼가 전도의 도구였다. 몇 년 전에 이사코브 부부는 자신들이 받은 은혜를 되갚으려 미국에 선교사로 와서 우리 교회에 다니게 되었다. "우리 부부는 미국에 부흥이 다가오고 있다고 믿습니다. 그래서 우리도 작은 보탬이 되려고 합니다"라고 알레오나는 말했다.

우리 교회가 40일 기도회를 시작할 때 알레오나는 자신이 기도하는 여섯 가지 기도 제목을 이야기해 주었다. 내게는 그 구체적이고도 명료한 내용들이 퍽이나 인상적이었다.

첫 번째 기도 제목은 국가조찬기도회에 초대되어 최첨단 패션을 선보일 기회를 달라는 것이었다. 하나님은 그 기도에 응답하셔서 국가조찬기도회의 수백 명 인사 앞에서 간증할 기회를 주셨을 뿐 아니라, 그의 이야기를 들은 인사 중 한 명이 알레오나를 노르웨이 콘퍼런스에 초대하여 간증을 부탁했다고 한다.

두 번째 기도 제목은 그들이 EB-1 이민 비자를 받는 것이었다. 그러나 하나님은 그보다 더 좋은 그린카드영주권를 받게 하셔서 알레오나의 모든 패션 작품들을 미국으로 가져올 수 있게 하셨다.

세 번째로 알레오나는 반년이나 지속되고 있는 남편의 천식을 고쳐달라고 기도했다. 그 이후 천식약은 필요없게 되었다.

네 번째 기도 제목은 그들의 딸과 사위가 미국 비자를 받게 해 달라는 것이었다. 그 기도는 2주 만에 응답이 되었다.

다섯 번째는 예수님을 믿는 새로운 패션 사진 기사와 일하게 해 달라는 것이었는데, 놀랍게도 유능하고 독실한 사진 기사가 무료로 자원봉사를 해 주는 것으로 응답이 되었다.

마지막으로 알레오나는 남편이 좋은 직장에 취직하게 해 달라고 기도했다. 과연 세르게이는 40일 기도가 끝난 뒤 이틀 만에 내셔널 지오그래픽 잡지사에서 정보통신 엔지니어로 일하게 되었다.

우리는 모호한 기도로 하나님의 응답 기회를 뺏을 때가 많다. 하나님이 언제, 어떻게 응답하실지에 대해서는 걱정하지 마라. 그건 우리의 책임이 아니다. 우리의 책임은 그저 하나님이 원하시는 것이 무엇인지를 알아서 겸손하고도 담대하게 간구하는 것이다. 그러면 하나님은 우리를 깜짝 놀라게 할 축복들을 허락하실 것이다. 그분의 응답은 우리의 간구보다 한 수 우위에 있다.

성공의 사다리

예수님은 지금도 우리에게 묻고 계신다. "너에게 무엇을 하여 주기를 원하느냐?" 여리고 성 밖에 있던 두 명의 맹인처럼 우리도 하나님의 아들을 만나야 하고 그 질문에 대답해야 한다. 당신의 여리고는 과연 무엇인가? 당신이 소원하는 것은 무엇인가?

당신은 무엇을 위해 기도하고 있는가? 어떤 기적이 일어나기를 소망하는가? 어떤 꿈이 이루어지기를 바라는가?

당신의 여리고는 무엇인가?

여리고는 여러 가지로 번역될 수 있다. 만일 사랑하는 사람이 암에 걸렸다면 당신의 여리고는 병 고침이다. 가까운 친구가 예수님을 믿지 않는다면 당신의 여리고는 구원이다. 가족이 서로 불화한다면 당신의 여리고는 화목함이다. 형편이 어려워 이루지 못하는 꿈이 있다면 당신의 여리고는 재정 공급이다. 원하는 것이 무엇이건 하나님께 정확하고도 구체적으로 말씀드려라.

성공의 사다리를 오르는 데 급급하다 보면 그 사다리가 여리고 성문에 기대있지 않다는 사실을 지나치기 쉽다. 일상에 얽매어 영원한 가치를 소홀히 한 사람은 아메리칸 드림이라는 미명 아래 하나님이 주신 꿈을 볼모 잡히고 여리고 성을 도는 게 아니라 광야를 헤매는 결과를 맞이하게 된다.

당신의 여리고는 무엇인가?

이 질문에 대답할 수 없다면 이 책을 내려놓으라. 그리고 하나님 앞에 앉아서 대답을 달라고 기도하라. 물론 세월이 가면서 대답도 바뀌겠지만, 우리에게는 언제나 문제를 풀어 줄 기적이 필요하다. 상황이 바뀔 때마다 그에 따른 새로운 꿈을 꾸고 새로운 약속을 붙잡아라. 표적은 움직여도 반드시 화살을 날려야 한다.

그렇다면 지금 당장, 이 자리에서 날리는 게 어떻겠는가?

당신의 꿈을 정의해 보라. 당신의 소망을 이야기해 보라. 당신이 원하는 기적을 설명해 보라.

오늘의 기도 전략

자신이 원하는 걸 갖지 못하는 이유는 아이러니하게도 자신이 무엇을 원하는지 알지 못하기 때문이다.

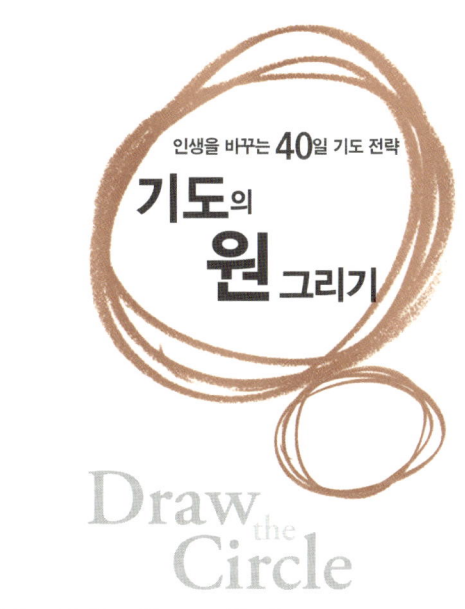

인생을 바꾸는 **40**일 기도 전략

기도의 원 그리기

Draw the Circle

The 40 Day Prayer Challenge

인생을 바꾸는 **40**일 기도 전략

Day 32

간증이 필수다

"…… 자기들이 증언하는 말씀으로써……"
(계 12:11)

《써클메이커》가 출간된 뒤부터 나는 기도 간증 수집가가 되었다. 나를 울리는 이야기, 하나님께 박수 쳐 드리고 싶은 이야기를 듣지 못하는 날이 하루도 없을 정도였다. 그 이야기들은 어떤 것보다 강력하게 나의 믿음에 불을 지폈다. 이유는 간단하다. 하나님이 그들에게 그런 일을 하실 수 있다면 나에게도 같은 일을 해 주실 것이기 때문이었다. 요한계시록 12장 11절이 간증을 중요시하는 것이나 원수들이 우리 간증을 막으려고 혈안인 것도 알고 보면 모두 그런 연유에서일 것이다.

"또 우리 형제들이 어린 양의 피와 자기들이 증언하는 말씀으로써 그를 이겼으니" 계 12:11

하나님이 기도에 응답해 주시면 큰 일이든 작은 일이든 다른 사람들에게 간증해야 한다. 그것이 기도자의 올바른 자세다. 기도 응답에 찬미와 감사로 보답하지 않으면 교만으로 바뀔 가능성이 높다. 간증은 하나님께 영광을 올려드리는 행위다. 또한 다른 사람들도 그 이야기를 들을 필요가 있기 때문에 반드시 해 주어야 한다. 하나님이 하신 일을 말하지 않으면 남들은 하나님이 아무 일도 안 하시는 줄 오해하지 않겠는가?

예수님은 갈보리 십자가의 보혈로써 원수들을 이기고 승리하셨다. 주님이 죄의 저주를 끊어주셨기 때문에 우리도 죄의 악순환을 끊을 수 있게 되었다. 우리의 승리를 확증하는 방법은 간증을 통해서다. 우리의 간증은 쟁취한 승리를 상기시킬 뿐 아니라 원수들의 패배도 잊지 않게 해 준다.

많은 교회에서 감동과 감사가 사라진 이유는 간증이 없어진 것과 직접적인 연관이 있다고 생각한다. 일반적으로 새신자들에게 간증 기회를 많이 주는 교회들에서 영혼 구원이 활발하게 이루어진다. 축하받을 일이 계속 복제되는 현상은 전혀 이상할 게 없다. 가령 누군가 병 고침을 받았다고 하면 그 간증을 듣는 사람들도 하나님의 치유에 대해 믿음이 생겨난다. 간증이 예언자 역할을 하는 것이다.

간증은 남에게 믿음을 빌려주는 것과 같다. 간증을 듣는 입장에서는 믿음을 빌리는 것이다. 어떤 쪽이든 교회는 유익을 얻고 하나님은 영광을 받으신다.

목격자

형법 연구와 학계 조사를 보면 목격자의 증언과 목격자가 아닌 사람들의 증언에는 큰 차이가 있다고 한다. 목격자의 증언에 신빙성이 있는 이유는 그가 자신의 눈으로 직접 보았기 때문이다. 반면에 그렇지 않은 사람들의 증언은 참고사항 정도로 취급한다. 진실이 아니라는 의미가 아니라 증언의 무게감이 떨어진다는 뜻이다.

간증이 위력 있는 이유는 누구도 그것에 이의를 제기할 수 없기 때문이다. 부인할 수도, 따질 수도 없는 게 간증이다. 그래서 간증은 그리스도인의 비밀 병기이다. 당연히 원수들은 우리가 간증 거리를 혼자만 간직하고 있기를 바란다. 하지만 사람들에게 말하지 않는 건 간증이 아니다. 간증을 이야기하지 않는 건 하나님이 받으실 영광을 가로채는 일이다. 아울러 간증을 들어야 할 사람들에게도 손해를 끼치는 일이 된다.

지금 우리 교회들은 간증의 가뭄을 겪고 있다. 우리에게는 당사자의 증언이 필요하다. 이 세상 어떤 훈련도 당사자의 간증을 대신하지 못한다. 신학교에서 간증을 얻는 게 아니라 시험을 통과하면 간증을 얻는다. 시험을 통과할 사람에게는 간증이 주어지는 것이다. 그렇게 받은 간증은 신학 학위보다 더 값어치 있다. 하나님을 체험하는 것은 자격과 무관한 일이다. 베드로와 요한은 '학문 없는 범인행 4:13이었지만 공회의 지도자들은 그들의 담대함에 놀랐다고 말한다. 아울러 두 제자가 전에 예수와 함께 있던' 사람들이라는 점을 유의했다고 말한다.

직접 목격한 사람의 간증처럼 위력 있는 것이 없다. 교육을 많이 받고 박식한 사람의 말도 목격자의 증언과는 비교되지 않는다. 물론 많이 배우는 것은 좋은 일이다. 열심히 공부해서 하나님의 사역을 위해 필요한 자격을 갖추어야 한다. 그러나 제발 교육만 받지 말고 간증 거리를 받아라. 학교를 졸업하고 학위를 받았다고 세상을 변화시킬 수 있는 게 아니다. 세상을 바꾸고 싶다면 오랜 시간을 예수님과 함께 보내야 한다.

우물가에서 예수님을 만났다가 완전히 변화된 사마리아 여인을 기억하는가? 그녀는 마을로 달려가서 자신의 간증을 이야기했다. 그 간증으로 듣는 사람들도 믿음을 갖게 되었지만 그것은 이차적인 믿음에 불과했다. 그들도 직접 예수님을 만나야 했고 실제로 그렇게 했다. 이차적인 믿음에서 일차적인 믿음으로 전환되었다는 표시는 그들이 했던 다음의 말에 잘 나타나 있다.

"이제 우리가 믿는 것은 네 말로 인함이 아니니 이는 우리가 친히 듣고 그가 참으로 세상의 구주신 줄 앎이라" 요 4:42

우리는 다른 사람의 체험에만 기대어 살아갈 수 없다. 이차적인 믿음은 간접흡연만큼이나 위험한 것이다. 우리에게는 우리의 이름이 붙을 수 있는 믿음이 필요하다. 우리 자신이 믿음을 소유하고 믿음이 우리를 소유해야 한다. 자신이 무엇을 믿는지만 알고 끝나서는 안 된다. 왜 그것을 믿는지도 알아야 한다. 그렇기 위해 끊임없는 업그레이드가 필요하다.

교회에 다니는 것만으로 만족하지 마라. 하나님 앞으로 나아가라.
간증을 듣는 것으로 만족하지 마라. 주님으로부터 직접 말씀을 받으라.
이차적인 믿음으로 만족하지 마라. 간증 거리를 얻어라.

대범한 기도

내가 아는 사람 중에 자기 지역에서 영웅으로 떠오른 마이크 민터Mike Minter 목사가 있다. 레스턴 바이블 교회를 개척해서 사십 년 간을 목회하고 있는 그는 어느 날, 커피를 마시면서 제이미 윈쉽Jamie Winship이라는 선교사에 대해 이야기해 주었다. 제이미 선교사는 모슬렘 국가에서 선교했기 때문에 바그다드에 들르는 일이 많았고 코란에 정통했으며 수많은 이맘모슬렘 지도자들을 예수님께 인도했다고 한다.

특히 그는 대범한 기도로 유명해서 희한한 사건들이 자주 일어났고, 그가 가는 곳마다 하나님이 예비하신 만남이 이루어지곤 했다. 어떤 이맘을 위해 기도하면 희한하게 그 사람이 같은 비행기를 타고 같은 장소로 가는 중이거나 같은 식당에 와서 그의 뒷자리에 앉는 식이었다.

어느 날 아침, 제이미 선교사와 함께 아침 식사를 하기로 약속한 마이크 목사는 약속 장소로 가기에 앞서 이런 기도를 드렸다.

하나님, 저는 노상 그의 간증을 듣기만 하는 게 싫습니다. 직접 제 눈으로 한번 보고 싶습니다. 어느 모로 보나 주님의 역사가 확실한 일이 일어나게 해 주십시오.

식당에서 만난 두 사람이 줄을 서서 주문을 하려고 할 때 그들 앞에 모슬렘 전통 복장인 히잡을 입은 한 여인이 눈에 들어왔다. 얼굴을 완전히 가리고 있었으므로 눈 말고는 아무것도 보이지 않았다. 제이미 선교사가 아랍어로 인사를 건네자 여인이 그를 뒤돌아보았다. 눈 밖에는 볼 수 없었지만 제이미 선교사는 "당신을 알고 있습니다. 1년 전에 조지아 대학에서 강연하시는 걸 들었어요"라고 말했다. 그러자 여인은 "저도 당신을 기억합니다. 그때 맨 앞줄에 앉아 계셨지요"라고 대꾸했다.

알고 보니 그 여인은 세상에서 가장 영향력 있는 모슬렘 여인 중 한 명이었고 제이미는 그 여인을 위해 예전부터 기도해오고 있었다고 한다. 정확히 말해 그 여인을 만나게 해 달라고 기도했지만 그녀와 연락할 방도는 없는 상황이었다. 그런데 그 날 우연히 그 식당에 들렀다가 여인을 만나게 된 것이다. 말할 것도 없이 하나님은 두 사람 모두 파네라 식당을 좋아한다는 걸 알고 계셨다. 그 날의 만남으로 인해 그 여인은 마이크 목사와 제이미 선교사가 신앙에 대해 대화를 나누었던 이맘들을 만나게 되었다.

나는 제이미의 기도와 마이크의 기도가 파네라 식당에서 마주쳐 놀라운 기적이 일어났다고 생각한다.

바로 그것이 성경적인 하나님의 섭리다. 아울러 두 사람의 기도가 갖는 위력도 잘 보여 주고 있다. 당신의 기도가 다른 사람의 기도와 언제 어떻게 마주쳐서 기적이 일어날지 모른다. 하나님의 섭리는 마이크와 제이미에게만 국한된 것이 아니다. 그들의 2인조 기도는 초자연적 상황의 일치를 가져왔다. 당신이 나를 숙맥이라 불러도 나는 하나님이 언제나 보좌에서 다스리신다고 믿는다. 하나님이 나의 발걸음을 인도하신다면 나는 그렇다고 믿는다 내가 가야 할 곳에 가게 하시고 내가 만나야 할 사람을 만나게 해 주실 것이다.

하나님의 섭리에 대한 이 간증이 당신에게 힘과 소망을 주었기를 바란다. 동시에 이 간증을 교훈으로 삼았으면 좋겠다. 마이크 목사는 다른 사람의 간증을 전해 듣는 것에 만족하지 않았다. 이차적인 믿음으로는 부족했던 것이다. 당신도 다른 사람의 간증만 듣는 게 불만스러울 때가 올 것이다. 당신에게는 당신 자신의 간증이 있어야 한다. 당신의 이름표가 거기에 달려 있어야 한다. 당신이 직접 보고, 듣고, 만지고, 느끼고, 냄새 맡고 맛을 보아야 한다.

반드시 간증 거리를 가져라. 그런 다음에는 그 간증을 이야기하라.

오늘의 기도 전략   배워서 아는 것을 순종이 따라가지 못한다.

인생을 바꾸는 **40**일 기도 전략

Day 33

기도응원

"아론과 훌이 한 사람은 이쪽에서, 한 사람은 저쪽에서 모세의 손을 붙들어 올렸더니"
(출 17:12)

처음 10년간 워싱턴 D.C.에서 목회할 때는 나 자신이 론 레인저_{미국 서부극의 주인공-譯註}처럼 느껴질 때가 많았다. 나는 내 식대로 목회를 이끌어 갔다. 교회를 돌보느라 너무 바빠서 주변의 다른 목사들을 만날 시간조차 낼 수가 없었다. 그러던 어느 날 주님의 말씀 한마디에 정신이 번쩍 들었다. 그분은 한 시간 떨어진 교회보다 열 시간 떨어진 교회를 위해 기도하는 게 훨씬 쉽다고 하셨다. 그래서 나는 우리 동네를 위해 기도하기로 하고 지역 교회 개척에 전력을 기울였다. 아울러 우리 교회 교역자 모임에 동네 교회 목사들을 초청해서 그들의 목회 이야기를 듣고 친분을 쌓는 시간을 가졌다. 그렇게 모여서 이야기를 하다 보면 어느새 그 모임이 기도회가 되는 일이 많았다. 우리는 무릎을 꿇고 서로를 위해 기도해 주었다. 다른 목사가 모임을 이끌 때마다 나는 영역주의라는 견고한 진이 허물어지는 느낌을 받았다.

사람들이 각양각색이기 때문에 교회도 각양각색이어야 한다는 게 나의 확고한 소신이다. 그리스도의 복음을 전하는 한 모든 교회는 하나이며 모든 사람을 위해 존재한다. 비록 문패에 새겨진 이름은 다를지라도 교회는 교회이며 목자장은 한 분이다. 나는 미국의 수도인 우리 지역의 부흥을 기도하고 있지만, 그 부흥이 반드시 우리 교회에서 시작되어야 한다고 주장하지 않는다. 다만 그 부흥에 반드시 참여하고 싶다.

지난 몇 년간 하나님은 훌륭한 목사들을 많이 만나게 해 주셨고 나의 아내는 네 명의 목사 사모돈나, 헤더, 질, 타린와 친한 사이가 되었다. 나도 몇 분의 목사들을 믿음의 형제요 아비로서 사랑하고 존경한다. 목사에게도 목사가 필요하다. 그래서 하나님은 내게 아론과 훌 같은 분들을 보내 주셨다.

밥 마티우와 마이클 홀 목사는 워싱턴 D.C.에서 내 나이와 비슷한 세월 동안 목회를 해 오신 분들이다. 나는 몰랐지만 그분들은 서로 약속을 하고서 날마다 나를 위해 기도하셨다고 한다. 일흔이 넘은 분들로부터 날마다 기도를 받는 감격은 말로 형용하기 힘들다.

그 기도들이 분명 나의 팔을 들어 준다고 믿는다.

목사들과의 친목이 특히 내게 소중했던 이유는 그것이 기도의 응답이었기 때문이다. 나와 함께 기도했던 한 분이 최근에 이야기하길, 나이 많은 목사들을 내 주변에 전략적으로 보내시길 기도했다고 한다. 지난 몇 년간 하나님은 그 기도에 신실하게 응답하셨다. 그중 일부만 꼽으라고 해도 마이클, 밥, 에이모스, 스튜어트, 데니스, 글렌 목사님이 떠오른다.

아론과 훌

당신이 다른 사람을 위해 중보하기 원한다면 당신 역시 당신을 위해 기도하는 중보 기도자를 두어야 한다. 기도와 금식이 절실한 시기일수록 더더욱 그렇다. 우리가 무릎을 꿇고 기도할 때 원수는 우리와 싸우려들 것이다. 그렇다고 지레 겁먹을 필요는 없다. 그들이 아무리 우리를 해치려고 날뛰어도 우리에게 함부로 손댈 수 없다. 예수 그리스도의 보혈로 덮인 사람을 해칠 권한이 없기 때문이다. 하지만 그래도 우리에게는 기도의 보호가 필요하다.

중보 기도는 영적 전쟁이다. 나약하고 겁 많은 사람은 할 수 없는 일이다. 열심히 기도하기란 결코 쉬운 일이 아니다. 기도를 하다

보면 마음이 무거워지기도 하고 성령께서 우리 안에 새로운 것을 탄생시킬 때의 산통이 극심해지기도 한다. 또한 원수들이 우리의 가족이나 사업이나 교회를 총공격한다고 느낄 때도 있다. 그때에도 우리는 물러서지 말고 끝까지 기도해야 한다.

영적 전쟁은 두렵고 외로운 싸움이지만 이상하게도 나는 영적 압박이나 저항에 부딪힐 때마다 오히려 새로운 힘이 솟구치곤 한다. 전쟁이 있다는 건 내가 옳은 일을 하고 있다는 증거이고 원수들이 화가 났다는 표시이며 영적 돌파구가 가까웠다는 의미다. 싸움이 점차 치열해질수록 하나님이 나를 위해 싸우실 때가 임박한 것이다.

출애굽기 17장에는 고대 이스라엘과 아말렉 간에 벌어진 전투가 자세하게 기록되어 있다. 모세가 팔을 들면 이스라엘이 이겼고 모세가 피곤해서 팔을 내리면 이스라엘이 졌다. 그런 상황에서 아론과 훌은 모세 옆에 서서 해가 질 때까지 그의 양팔을 들어 올려 주었다. 영적 전쟁도 같은 방법으로 싸워야 한다. 기도하는 무릎과 경배하는 손이 승리의 비결이다. 다른 방법으로는 원수들을 이겨낼 수 없다. 기도와 찬양 없이는 어떤 승리도 얻지 못한다.

그러나 가끔은 능력도, 힘도, 의지도, 자신을 위해 기도할 믿음도 약해질 때가 있다. 그때 우리에게는 기도의 동역자, 즉 우리 팔을 들어 줄 중보 기도자들이 필요하다. 아론과 훌이 모세의 팔을 들어

주었던 것처럼 우리에게도 기도 응원이 필요하다. 우리 가족을 위해 각계각지에서 기도해 주는 많은 분이 있지만 그 가운데서도 특히 더 구체적이고, 열성적이고, 일관적으로 기도해 주는 소수의 중보 기도자들이 있다. 그분들은 나를 위해 날마다 무릎으로 중보해 준다. 혹시 내가 이룬 공적에 칭찬을 받는 날이 온다면 그분들이 나를 도와준 공로도 절대 잃지 않을 것이다.

숨은 공신

이스라엘이 아말렉을 물리친 다음 날, 모세는 분명 승리의 공신으로 떠올랐을 것이다. 그러나 하나님의 거룩하고 웅대한 전략에는 언제나 숨은 공신이 있다. 그 공신은 바로 기도다. 따라서 하나님 나라의 진짜 영웅은 아론과 훌이라고 할 수 있다.

월터 윙크의 말을 빌리자면 "역사는 중보 기도자에게 속해 있다."[주22)]

찰스 피니는 그 시대 가장 유명한 전도자였고 두 번째 대부흥기의 공신이었지만 그 안에도 숨은 공신이 있었다. 피니에게는 다니

---

22. Water Wink, The Powers That Be: Theology for a New Millennium (New York: Doubleday, 1999), 185.

엘 내쉬라는 '아론'이 있었던 것이다. 마흔여덟의 나이에 성직을 떠난 내쉬 신부는 오로지 중보기도에만 헌신할 것을 결심하고, 피니가 한 도시를 방문하기 몇 주 전에 방 하나를 빌려서 두세 명의 중보 기도자와 함께 피니를 위해 기도하기 시작했다. 마침내 피니가 와서 집회를 인도했을 때는 이미 모든 힘든 작업은 끝이 난 상태였다. 영적 세계의 승리는 이미 확보되어 있었기에 부흥이 불일 듯 일어나는 건 시간문제였다.

피니가 한창 그곳에서 모임을 인도하고 있을 때 하숙집을 운영한다는 한 여인이 그를 찾아와서 하소연을 늘어놓았다.

피니 목사님, 혹시 내쉬 신부님이란 분을 아시나요? 그분과 두 명의 남자분이 3일 전부터 우리 하숙집에 머물고 있는데 음식은 입에도 대지를 않아요. 그런데 그 방에서 신음이 들려서 몰래 문틈으로 엿보았더니 모두가 얼굴을 바닥에 대고 있지 뭐예요? 3일 동안을 그러고 있더니 이제는 아예 바닥에 온몸을 대고 엎드려서 탄식하고 있답니다. 처음에는 그들에게 뭔가 끔찍한 일이 일어난 줄 알았어요. 하지만 들어가서 물어보기도 그렇고 도무지 무엇을 어떻게 해야 할지 모르겠네요. 저와 함께 가서 그분들을 만나보시지 않겠어요?

피니는 그 말에 고개를 가로저었다.

아니요. 그럴 필요 없습니다. 그분들은 기도를 드리며 영의 진통을 느끼고 있는 겁니다.주23)

내쉬 신부는 피니의 집회에 거의 참석하지 않았다. 그저 기도의 방에 머물면서 성령의 능력이 회중에게 임하여 그들의 마음을 녹여달라고 간절히 간구했다.

1831년 숨을 거두기 전에 다니엘 내쉬 신부는 자신의 일기장에 다음과 같은 글을 남겼다.

오순절의 역사, 아니 그 이상으로 성령이 강림하시길 기도하는 것은 나뿐 아니라 모든 그리스도인의 의무이자 특권이라고 생각한다. 누구든 믿고 기도하면 받은 줄로 믿으라고 했던 예수님 말씀이 이제야 조금 이해될 것 같다.주 24

내쉬 신부는 뉴욕과 캐나다 경계에 있는 작은 공동묘지에 묻혔다. 그리고 그의 무덤에 세워진 비석에는 다음과 같은 비문이 새겨져 있다.

---

23. J. Paul Reno, Daniel Nash: Prevailing Prince of Prayer (Asheville, N.C.: Revival Literature, 1989), 8에서 인용.
24. 같은 책, 160.

다니엘 내쉬 Daniel Nash
피니와 함께 능력의 기도로 동역하다
1775. 11. 17. - 1831. 12. 20.

기도는 역사를 쓰는 펜이다. 공신이 되느냐 마느냐의 문제로 걱정하지 말라. 숨은 공신이라도 하나님은 그 공적을 절대 잊지 않으신다.

 다른 사람을 위해 중보하려면 자신을 위한 중보 기도자도 있어야 한다.

인생을 바꾸는 **40**일 기도 전략

Day 34

남아 있는 자들

> "피하고 남은 자는 다시 아래로 뿌리를 내리고 위로 열매를 맺을지라"
> (왕하 19:30)

18세기에 진젠도르프 백작은 '겨자씨 모임'이라는 거룩한 음모(?)를 꾸몄다. 이 모임의 회원들은 '자신을 위해 살지 않는다'고 새겨진 반지를 끼고서 그리스도께 충성하고 사람들에게 친절하며 열방에 복음을 전하기로 굳은 결의를 다졌다. 이 비밀 모임의 회원 중에는 덴마크 국왕, 캔터베리 성공회 대주교, 스코틀랜드 수상, 여든일곱 살의 아메리칸 원주민 추장 토모치치 같은 명사들도 포함되어 있었다.

겨자씨 모임의 첫 회합이 열리기 전날, 진젠도르프 백작은 회원들을 불러 기도를 제안하면서 반지를 들어 올리며 이렇게 말했다.

형제들이여, 우리가 왜 여기에 있는지 알고 있습니다. 내일은 우리가 서약을 하겠지만 오늘 밤은 함께 기도를 드립시다.주25)

진젠도르프 백작 역시 그들과 함께 밤을 새워 기도했다. 다음 날 아침, 모임에 참석한 전 회원들은 자신의 모든 재능, 모든 재산, 모든 영향력을 사용해서 이교도들의 개종에 힘을 쏟겠다고 서약했다. 진젠도르프 백작은 그들의 머리에 일일이 안수하며 각자를 위해 기도해 주었다. 그들의 의식은 수십 분간 지속되었지만 언약은 평생토록 지속되었다.

그 날의 사건은 1727년 헤른후트에서 모라비안 오순절의 역사로 이어졌고, 그 해 8월 27일에는 남아있던 스물두 명의 형제들과 스물네 명의 자매들이 24시간 릴레이 기도를 시작했다. 이 기도 모임에 성령이 임하시자 초대 교회 120명 성도에게 일어났던 오순절 역사와 동일한 역사가 일어났다. 그로 인해 시작된 중보 기도는 그 후 100년간이나 지속되었고 심지어 그 마을에 사는 어린아이들까지 모여서 기도를 했다고 한다. 결국 이 기도들은 전 세계를 뒤흔들어 놓아 교회 역사상 유례없는 선교사 파송 운동이 시작되어 수많은 성도가 선교의 사명을 받아 선교지로 떠났으며, 어떤 이들은 선

---

25. Pete Greig, The Vision and the Vow (Orlando, Fla.: Relevant, 2004), 131-32 에서 인용.

교지에 가기 위해 스스로 노예로 팔리는 일까지 서슴지 않았다.

신앙 혁명

역사의 중요한 고비마다 하나님은 남아 있는 자들을 통해서 그분의 권세와 통치를 재건하셨다. 그러나 남아 있는 자들이 다수인 경우는 거의 없었다. 언제나 소수였다. 신앙 혁명은 항상 신실한 소수의 사람에 의해 시작되었다.

혁명의 도화선이 된 것은 새로운 발견이 아니었다. 예전부터 존재했던 단순하고도 진실한 뭔가를 재발견하면서 혁명은 태어났다. 힐기야 대제사장이 율법책을 발견함으로써 국가적 부흥이 일어났던 것이 그 한 예라고 할 수 있다 대하 34:14. 율법책을 발견한 단순한 사건 하나가 전 백성을 하나님 앞에 무릎 꿇게 만들었다.

각 시대마다 신앙 혁명이 필요하다. 그 시대의 우상들을 파괴하고 허물어진 성전을 재건해야 한다. 또한 그 시대 사람들이 죄를 회개하고 성경의 진리를 재발견하는 일도 일어나야 한다.

우리 교회에서 40일 기도회를 하는 동안 우리가 원을 그리며 기도했던 말씀은 이것이었다.

"내 이름으로 일컫는 내 백성이 그들의 악한 길에서 떠나 스스로 낮추고 기도하여 내 얼굴을 찾으면 내가 하늘에서 듣고 그들의 죄를 사하고 그들의 땅을 고칠지라" 대하 7:14

우리가 하나님의 약속을 믿고 기도하면 하나님이 그 약속을 이행하신다. 이건 '만약에'의 문제가 아니라 오직 '언제'의 문제일 뿐이다. 우리가 작심하고 약속이 이루어질 때까지 기도한다면 부흥은 반드시 오게 되어 있다. 해가 동쪽에서 뜨는 것만큼이나 확실한 일이고 해가 서쪽으로 지는 것만큼이나 필연적인 일이다.

찰스 피니는 "하나님이 부흥에 볼모잡혀 계시다"는 표현까지 사용했다.주26)

관건은 오직 남아 있는 자들이 분발하는 것뿐이다.

우리 교회는 역대하 말씀의 약속을 상기하기 위해 날마다 오전 7시 14분에 모여 기도를 드렸다. 시곗바늘이 정확히 7시 14분에 서면 나와 교인들은 바닥에 무릎을 꿇었다. 배가 고프면 밥을 먹듯 거의 본능적인 행동이었다. 그래서 기도 시간을 놓치면 꼭 끼니를 거른 듯한 느낌이 들었다.

'국가를 위한 기도의 날'에도 마찬가지였다. 그 날도 7시 14분에

---

26. Leonard Ravenhill, Why Revival Tarries (Minneapolis: Bethany House, 2004), 138에서 인용.

무릎을 꿇었는데 성령께서 이런 말씀을 하시는 것이 느껴졌다.

내가 남아 있는 자들을 사용할 것이다.

솔직히 말하면 그날 아침 기도 모임에 나온 교인들이 너무 적어서 약간 의기소침해 있던 참이었다. 게다가 그 날은 다른 날도 아니고 국가를 위한 기도의 날이 아니던가. 하지만 하나님은 '남아 있는 자들'이 중요하다는 사실을 내게 상기시켜 주셨다. 그 말씀을 듣고 나니 더 이상은 기도 모임에 나오는 교인 숫자에 신경 쓰지 않게 되었다. 주님의 이름으로 두세 사람만 모여도 놀라운 일이 일어날 거라고 약속하지 않으셨던가.

나는 어느 교회와 도시든지 그 안에는 반드시 '남아 있는 자들'이 있다고 확신한다. 이제 그들이 일어나야 한다. 지금은 혁명의 때다. 다음 세대를 일깨우려면 앉아서 계획만 짜서는 안 된다. 오순절의 역사처럼 기도 모임을 통해 혁명이 태어나야 한다.

국가를 위한 기도의 날 이후부터 나는 열왕기하 19장 30절에 원을 그리며 기도하기 시작했다. 그것이 우리 세대와 모든 세대를 위한 약속의 말씀이라고 믿었기 때문이었다.

"유다 족속 중에서 피하고 남은 자는 다시 아래로 뿌리를 내리고 위로 열매를 맺을지라" 왕하 19:30

우리는 위에서 열매를 맺을 것이다. 우리의 기도로 인해 천국 시민들이 증가할 것이다. 그러나 부흥의 뿌리는 바로 기도다. 우리는 그 어느 때보다 열심히 하나님 앞으로 나아가야 한다. 겨자씨 모임의 회원들처럼 전심을 다해 하나님의 얼굴을 구하겠다고 굳은 서약을 해야한다.

퇴거명령서

1950년대에 아르헨티나는 영적 황무지였다. 아르헨티나에서 40년 동안 선교했던 에드워드 밀러 박사에 따르면 그 당시 성령 충만한 성도가 전 국가를 통틀어 6백 명밖에 되지 않았다고 한다. 그러나 밀러 박사가 쓴 《아르헨티나여, 나를 위해 울어요 Cry for Me Argentina》라는 책에 보면 아르헨티나와 남미를 휩쓸었던 부흥의 물결이 자세히 소개되어 있다.

그 시발점이 된 것은 아르헨티나 성경학교 학생들 50명의 국가를 위한 기도였다. 밀러 박사는 그토록 슬피 울면서 그토록 오랫동안 기도하는 사람들을 처음 보았다고 말했다. 그들은 날마다 기도와 통곡을 반복했고 몇 시간의 중보기도가 끝나면 기도실 바닥이 눈물로 홍건해질 정도였다고 한다.

그렇게 릴레이 중보 기도가 이어진 지 50일째가 되던 날, 누군가의 입에서 예언적 말씀이 선포되었다.

더 이상 울지 말아라. 유다의 사자는 아르헨티나의 권세자를 제압했다.

그로부터 18개월이 지나 한 축구장에서 부흥 집회가 열렸을 때 수많은 아르헨티나 사람들이 집회장으로 몰려들었다. 18만 명을 수용하는 국내 최대의 경기장이 빈자리를 찾기 힘들 정도였다.

밀러 박사는 그 날의 감동을 다음과 같이 전했다.

하나님이 사탄의 권세와 지배를 파하기 충분한 수의 사람들을 한 자리에 모이게 할 수 있다면, 하나님의 백성들이 올바른 방법으로 사탄의 통치를 거부한다면 – 겸허함과 회개와 중보 기도를 통해 – 하나님은 그 지역 마귀들의 본거지 앞에 퇴거명령서를 부착하실 것이다. 그리고 하나님이 그렇게 하실 때 빛과 영광이 나타날 것이다.[주27]

---

27. Tommy Tenney, The God Chasers: "My Soul Follows Hard After Thee" (Shippensburg, Pa.: Destiny Image, 1998), 53에서 인용.

하나님의 역사가 언제 어떻게 어디에서 시작될 지는 아무도 알지 못한다. 다만 우리가 무릎을 꿇고 기도할 때 하나님은 우리를 위해 반드시 그분의 전능한 오른손을 뻗어 주신다. 우리가 기도의 기반을 내리면 하나님은 그 위에 아주 굉장한 것을 쌓아 올리신다. 유례없는 중보 기도는 하나님의 유례없는 역사를 일어나게 한다.

오늘의 기도 전략

기도 모임이 가장 중요한 모임이 될 때 부흥이 코앞으로 다가온다.

인생을 바꾸는 **40**일 기도 전략

Day 35

가장 긴 지렛대

"작은 일의 날이라고 멸시하는 자가 누구냐"
(슥 4:10)

1857년 7월 1일에 제레미아 랜피어Jeremiah Lanphier는 뉴욕시의 선교사가 되었다. 얼마 후에 그는 그곳의 사업가들을 모아서 정오 기도 모임을 시작했다. 첫 번째 모임은 맨해튼의 네덜란드 개혁교회 회의실 다락방에서 9월에 열렸는데, 참석한 사람은 여섯 명밖에 되지 않았다. 그러나 다음 주에는 인원이 열네 명으로 늘었고 몇 주 후에는 스물세 명이 모임에 참석했다. 그러다 얼마 후에는 참석 인원이 폭발적으로 늘어나 교회 본당으로 모임 장소를 옮겨야 했고, 그로 인해 네덜란드 개혁교회까지 부흥하게 되었다. 정오 기도 모임은 도시 전역에서 배가를 거듭하다가, 마침내는 뉴욕시에 있는 대부분 공공건물마다 기도회가 열리는 진풍경을 빚어내기에 이르렀다.

조나단 에드워즈는 그 현상을 가리켜 "하나님의 백성이 비범한 기도 안에서 가시적으로 하나 된 모습"이라고 평했고, J. 에드윈 오르는 "사람들이 기도하기 위해 새벽 6시에 일어나고, 자정까지 반철야를 하고, 점심시간을 포기하며 정오 기도 모임을 하는 게 어찌 비범한 기도가 아니겠는가"라고 말했다.주28)

당시 가장 영향력 있는 신문사였던 뉴욕 트리뷴지의 설립자 호레이스 그릴리는 부흥의 비결을 취재하기 위해 기자를 파견했고, 그날 하루 동안 한 시간에 열두 개의 기도 모임을 취재한 기자는 모두 6천백 명의 사람들이 기도로 하나님께 나아갔다고 보고했다. 부흥이 절정에 이르렀던 시기에는 한 주에 만 명에 이르는 뉴욕 주민들이 주님을 영접했다. 도시 전체 인구가 백만 명 정도였으니 매주 1%의 사람들이 그리스도인이 되었던 셈이다.

나는 첫 기도 모임에 참석했던 여섯 명이 누구였는지 궁금하다. 그들은 아마도 첫 모임에 적지 않게 실망했을 것이다. 수많은 생명을 구하는 부흥의 불씨가 될 것을 예상이나 할 수 있었을까? 아니

---

28. 1976년 10월에 Texas, Dallas의 National Prayer Congress에서 J. Edwin Orr가 했던 "The Role of Prayer in Spiritual Awakening(영적 부흥에서 기도의 역할)"이라는 제목의 강의에서 인용했음. www.prayerstorm.com/webinar_archive/The_Role_of_Prayer_in_Spiritual_Awakening.pdf (2012년 7월 2일 접속).

었을 것이다. 역사를 만들어가는 사람들은 대부분 자신이 역사를 만드는지도 모른 채 일을 한다. 우리가 초대교회 사람들처럼 기도한다면 오순절 역사는 어디서든 일어나게 되어 있다. 우리의 기도는 역사를 쓰고 또 새로 쓸 잠재력이 있기 때문이다.

작은 시작

스가랴 4장에는 유배지에서 돌아온 이스라엘 사람들이 성전을 건축하는 장면이 등장한다. 그건 대단히 막중한 과업이었으므로 하나님은 다음과 같은 말씀으로 그들에게 용기를 불어넣어 주셨다.

> "작은 일의 날이라고 멸시하는 자가 누구냐 사람들이 스룹바벨의 손에 다림줄이 있음을 보고 기뻐하리라" 슥 4:10

다림줄이란 고대 시대의 측량용 줄자를 말한다. 사실 당시의 이스라엘 백성이 한 일이라곤 측량을 한 것밖에 없었다. 그것이 전부였다. 그러나 하나님은 그 일조차 기뻐하셨다. 첫걸음마를 뗀 자녀를 보고 좋아하는 부모처럼, 하나님 아버지도 우리가 옳은 방향으로 작은 발걸음을 뗄 때 기뻐하신다. 그 작은 발걸음들이 모이면 하나님 나라에서의 거대한 도약이 되는 것이다. 우리가 작은 일들을 하면 하나님은 큰일들을 해 주신다. 다만 그 작은 일들을 큰일들인 것처럼 성심성의껏 해야 한다.

우리가 할 수 없는 일에 대해서는 걱정할 필요가 없다. 그저 할 수 있는 일만 하면 된다. 오스왈드 챔버스는 "누구나 하나님을 위해 비범한 일을 하고 싶어 하지만 그러지 못한다. 우리가 할 일은 평범한 일을 비범하게 하는 것뿐이다"라고 말했다.[주29) 우리가 평범한 일을 할 때 하나님이 그 외의 일들을 책임져 주신다.

기도는 우리의 다림줄이다. 또한 사람을 측량하는 정확한 줄자이기도 하다. 아무도 자신의 기도보다 위대하지 못하다. 우리의 가능성은 우리의 기도생활과 비례한다. 우리가 하는 일의 성공 여부를 가장 정확히 드러내 주는 것이 기도생활이다.

지렛대

시라쿠사의 과학자 아르케메데스는 "나에게 서 있을 자리를 달라. 그러면 지구를 움직이겠다"라는 명언을 남겼다.[주30) 지레를 의

---

29. 오스왈드 챔버스, 주님은 나의 최고봉(두란노, 2002).
30. E.J.Dijksterhuis, Archimedes, trans. C. Dikshoorn (Princeton, N.J.: Princeton University Press, 1987), 15.

미하는 이 말은 르네상스 시대 과학자들이 발명한 여섯 가지 기계 중 하나였다. 지레란 들어 올리는 힘을 강화해서 출력을 극대화하는 장치를 말한다. 즉, 지레가 길수록 작용하는 힘이 커진다.

이 간단한 원리를 기도에 대입하면 이런 문구가 성립한다. '나에게 무릎 꿇을 자리를 달라. 그러면 지구를 움직이겠다' 하나님의 나라에서는 겸손함이 곧 권위다. 대담한 겸손, 혹은 겸손한 대담함이라고 불러도 된다. 그것이 곧 우리의 지렛대다. 우리가 스스로를 높이면 하나님은 우리를 낮추신다. 그러나 스스로를 낮추면 하나님이 우리를 높여 주신다. 무릎을 꿇고 기도하는 것만큼 우리를 낮추는 행동이 어디에 있겠는가? 겸손하게 무릎을 꿇을 때 하나님은 우리를 위해 그분의 전능한 손을 펼치시고, 인간적으로는 불가능한 방법으로 지렛대를 높여 주신다.

우리 교회의 표어 중에 '겸손하라, 갈망하라'는 표어가 있다. 겸손은 우리가 하나님이 원하시는 길로 들어서기 위한 방편이다. 하나님이 원하시는 길에 머물러 있는 한 우리 안에서, 그리고 우리를 통해서 그분이 못하실 일은 아무것도 없다.

내가 하루 중 첫 번째로 하는 일이 무릎 꿇고 기도하는 것이다. 우리 교회에서 40일 기도회를 시작한 이래 그것은 나의 일상적인 의식이 되었다. 40일 기도회가 끝난 후에는 완전히 다른 사람이 되어 있었다. 왜 진작 그러지 못했는지 한스러울 정도였다. 40일 기도회는 끝났지만 더 이상은 다른 방식으로 하루를 시작하고 싶지 않았다. 물론 무릎 꿇는 자체에 어떤 신비한 힘이 있는 것은 아니다. 그러나 그것이 성경적인 방식인 것은 두말할 나위가 없다. 우리 몸의 자세는 마음의 자세에 도움을 준다. 하나님 앞에서 경외하는 마음을 갖는 것이 제일 중요하지만, 무릎을 꿇는 자세 자체가 그런 마음가짐을 갖는 데 도움을 준다고 생각한다.

우리 교회에서 40일 기도회를 하는 동안 하나님은 놀라운 방식으로 은혜를 베풀어 주셨다. 돈을 주어도 할 수 없는 신문 보도의 주인공이 되기도 했다. 워싱턴 포스트지가 우리 교회 소식을 주말 메트로 섹션의 머리기사로 실었는가 하면, 몇 주 뒤에는 투데이쇼 Today Show 제작자들이 우리 교회 예배 장면을 카메라에 담아서 40일 기도회 마지막 날에 TV로 방영하기도 했다. 이것이 모두 우연히 일어난 일이었을까? 아닐 것이다. 나는 그것들 하나하나마다 하나님 은혜의 지문이 찍혀있다고 믿는다.

우리는 대중의 인기를 좇아서도 안 되지만 인기를 얻었을 때 그것을 지키는 일에 소홀해서도 안 된다. 정확히 말해 인기란 양날의 검과 같다. 인기가 많을수록 돌팔매도 심해진다. 그래서 나 개인적으로는 인기를 얻고 싶지 않고 가능하다면 피하고 싶다. 인기는 삶을 더 복잡하게 만든다. 그러나 그걸 통해 하나님이 영광을 받으실 수 있다면 어쩔 수 없는 일이다. 좋은 소식은 분명 알려져야 하다는 게 나의 소신이다. 부활절 주일에 방영된 투데이쇼를 통해 하나님은 영광을 받으셨고 그로 인해 많은 불신자가 우리 교회를 찾아왔다. 할렐루야!

또 하나 예기치 못했던 축복은 우리로 인해 방송 제작자들이 하나님과 가까워졌다는 것이다. 마리아라는 이름의 리포터는 자신의 아버지는 무신론자였지만 할머니는 항상 기도하시는 분이었다고 했다. 나는 마리아에게 《써클 메이커》를 선물로 주었고 몇 주 뒤에 그 책이 자신의 기도생활을 획기적으로 바꾸었다는 연락을 받았다. 심지어 그 책을 여러 권 구입해서 친구와 가족들에게 선물로 주었다고 한다. 혹시 하나님이 그걸 통해 NBC 방송을 위한 중보 기도자를 세우시려는 것은 아닌지 궁금하다.

우리가 평범한 일을 할 때 하나님이 그 외의 일들을 책임져 주신다.

Draw the Circle
The 40 Day Prayer Challenge

인생을 바꾸는 **40**일 기도 전략

기도의 원 그리기

인생을 바꾸는 **40**일 기도 전략

Day 36
후대에 전할 유산

"오직 너희를 위하여 보물을 하늘에 쌓아 두라"
(마 6:20)

내가 아는 분 중에 스탠리 탬Stanley Tam이라고 하는 아흔다섯 살의 성도님이 있다. 사실은 그냥 아는 정도가 아니라 내가 정말로 존경하는 분들 가운데 한 분이다. 지난 반세기 동안 그는 하나님을 사장님으로 모시겠다는 결심을 그대로 실천에 옮겼다. 회사 돈 횡령(?)의 독특한 사례로 남을 한 가지는 스탠리 탬이 사업 이익의 51%를 공식적으로 하나님께 바쳤다는 사실이다.

단돈 37달러로 미국플라스틱 회사를 설립한 그가 자신의 사업체를 하나님께 바쳤을 당시만 해도 한 해 수입이 20만 달러를 넘지 못했다. 그래도 그는 하나님의 축복을 믿고 처음부터 하나님을 경외하며 사업을 운영하기로 마음먹었다.

수익의 51%를 헌금하는 사람이라면 잘한다고 자신의 등을 두드릴 법도 하건만 스탠리는 그러지 않았다. 나머지 49%를 자신이 갖는다는 것조차 부담스러워 했다. 어느 날 성경에서 값진 진주를 발견하고 전 재산을 팔아 그것을 산 '진주 상인의 비유'를 읽고, 그는 자신의 모든 주식을 하나님께 바치기로 했다.

1955년 1월 15일에 스탠리가 소유한 모든 주식이 하늘의 사장님께로 양도되고, 그는 자신이 설립한 회사에서 급여를 받는 월급쟁이가 되었다. 그가 하나님께 헌신을 다짐한 이후 지금까지 사회에 기부한 돈을 합하면 총 1억 2천만 달러가 넘는다고 한다.

몇 년 전에 스탠리 탬이 우리 교회에 와서 간증했는데, 예배가 끝난 뒤 그분과 함께했던 식사 시간이 지금도 잊히지 않는다. 그분의 입에서 나오는 말 한마디 한마디가 전부 주옥같은 명언이었다. 단 한 시간 동안에 그는 내 평생 간직할 지혜를 나눠 주었다.

스탠리 특유의 직설적인 어투로 "하나님의 삽은 우리의 삽보다 크다"고 한 말은 풀이하자면 '하나님이 우리보다 더 많이 퍼 주신다'는 뜻이었다. 그는 베푸는 기쁨의 열쇠를 발견한 사람이었다. 쥐고 있으면 결국은 잃게 되고 베풀면 결국은 돌아온다는 것이 평소 그의 신념이었기에 "어차피 베풀 것을 조금 더 일찍 보내는 것뿐이죠"라고 그는 웃으며 이야기했다. 하지만 그 뒤에 툭 던진 한 마디가 내게는 신학대학원에서 3개의 학위를 따며 배운 어떤 것보다도 값지고 감동적이었다.

하나님이 아브라함에게는 보상을 못 하셨지만 그의 자손은 지금도 여전히 번성하고 있습니다.

스탠리도 마찬가지다. 천국에서 그가 받을 보상을 계산하려면 아마도 시간이 꽤 많이 걸릴 것이다. 기부 금액이 아니라 기부 비율을 따질 때 그는 거의 100%를 베풀었다고 말할 수 있다. 스탠리는 또한 이런 말도 했다.

사람은 누구나 한 번에 한 끼를 먹고, 한 번에 옷 한 벌을 입고, 한 번에 한 개의 자동차밖에 몰지 못합니다. 저는 그 전부를 갖고 있으니 그것으로 충분하지 않겠습니까?

동일한 하나님

식사가 거의 끝나갈 무렵에 스탠리 탬은 마지막으로 푸짐한 후식이 될 말을 들려주었다. 어떤 말끝에 그 말이 나왔는지는 모르겠지만 어쨌든 그 한 마디는 나의 뇌리에 영원히 박혀버렸다.

저는 조지 뮬러가 믿던 하나님과 동일한 하나님을 믿고 있습니다.

조지 뮬러를 도와서 엄청난 기부금을 공급해 주신 하나님은 스탠리 탬을 도와서 엄청난 돈을 기부하게 하셨다. 그리고 그 하나님은 또한 당신의 계획과 목적을 이루어 주실 동일한 하나님이다. 하나님이 정한 일이라면 그건 이미 떼어 놓은 당상이나 마찬가지이다.

노년에도 아이 같은 믿음을 소유한 분들을 보면 절로 가슴이 뭉클해진다. 스탠리 탬이 바로 그런 분이었다. 내가 아는 사람 중에 그는 가장 나이가 많은 어린아이였다. 그는 하나님의 말씀을 곧이곧대로 믿었다. 우리가 그분 말씀을 곧이곧대로 믿으면 하나님도 자신의 말씀 그대로 이행하신다.

성경 역사서이건 일반 역사서이건, 역사를 읽을 때 우리가 종종 일으키는 착각 한 가지가 있다. 그것은 우리보다 앞서 살다 간 사람들이 우리와 다를 거라는 생각이다. 전혀 그렇지 않다. 하나님이 그들을 위해 어떤 일을 하셨다면 우리를 위해서도 같은 일을 하실 수 있다. 성경 인물들이 한 일을 그대로 따라 하면, 하나님도 그분이 하셨던 일을 지금 우리에게 그대로 해 주실 것이라고 확신한다. 변한 것은 아무것도 없다. 하나님은 지금 이 시대에도 같은 일을 반복하기 원하신다. 다만 그러기 위해서는 먼저 기도의 대가를 치러야 한다. 레오나드 레븐힐Leonard Ravenhill의 말을 들어보라.

이 시대 단순한 영혼의 소유자들은 성경을 펼쳐서 그 내용을 읽고 그대로 믿는다. 그러면 사람들은 당황해 한다. 성경은 설명해야 하는 책이라고 편한 논리를 내세우지만 뭐니 뭐니 해도 성경은 일단 믿어야 하는 책이다그리고 이후에는 순종해야 하는 책이다.[31]

위대한 유산

나는 얼마 전에 〈제너러스 기빙Generous Giving〉이라는 훌륭한 단체의 초청을 받아 그들이 주최하는 집회에서 설교한 적이 있다. 이 연례 집회는 미 전역의 부유층 그리스도인들을 대상으로 하나님 나라를 위한 전략적 기부를 장려하는 데 그 목적이 있었다. 나는 그곳에서 미쉘린 가족재단을 운영하고 있는 경영자 몇 사람을 만나게 되었다. 그들은 세계에서 가장 존경받는 박애주의자로서 기부문

---

31. Ravenhill, Why Revival Tarries, 61.

화를 이끌고 있는 선도적 지도자들이었다.

1857년 6월 7일에 토마스 맥렐란Thomas Maclellan이라는 스코틀랜드인은 만유의 주재이신 하나님 앞에서 한 가지 서약을 했다고 한다. 스무 살 생일에 했던 그 서약은 쉰 살과 일흔 살 생일에도 똑같이 반복되었다. 그 후 다섯 세대가 지났지만 그가 뿌린 씨앗은 배가를 거듭하여 지금 현재도 어마어마한 돈이 기부되고 있다. 그런데 이 기부의 기원을 추적해서 올라가 보면 다음과 같은 서원 기도에 도달하게 된다고 한다.

지금 저는 당신의 보좌 앞에 나아가 당신의 발등상 앞에 엎드려 있나이다. 천지의 주재이신 하나님 아버지, 지금부터 저는 영원히 당신의 소유임을 당신 기억의 책에 기록하여 주옵소서. 예전에 저를 지배했던 주인들을 떠나서 이제는 저 자신과, 제가 가진 모든 것과, 저의 모든 생각과, 제 몸의 모든 지체와, 이 세상의 모든 소유와, 저의 모든 시간과, 다른 사람에 대한 저의 모든 영향력을 거룩하게 구별해서 오로지 당신의 영광을 위해 사용하고 생명이 다하게 하시는 날까지 당신의 명령에 순종할 것을 결연히 다짐하옵니다.**주32)**

---

32. "Thomas Maclellan's Covenant with God," Generous Giving.org, http://library.generousgiving.org/articles/display.asp?id=16 (2012년 7월 2일 접속).

한 사람이 후대에 남겨 줄 수 있는 가장 위대한 유산은 예수 그리스도의 주권에 온전히 순복하는 것이다. 우리가 하나님의 뜻을 거부하지 않으면 하나님도 우리 뜻을 거부하지 않으신다. 시편 기자의 말처럼 하나님의 약속을 단단히 붙잡으라.

"정직하게 행하는 자에게 좋은 것을 아끼지 아니하실 것임이니이다" 시 84:11

좋은 것들이 자자손손 이어지면 위대한 것이 된다. 하나님은 우리 기도에 응답하셔서 생전에 보지 못할 자손들에게까지 그 기도가 이루어지게 하신다. 물론 언젠가 어린 양의 혼인 잔치가 열리고 하나님의 가족이 한자리에 모이면 그 자손들을 만나게 될 날이 올 것이다. 우리가 하는 모든 기도, 우리가 베푸는 모든 것, 우리가 하는 모든 희생, 우리가 걷는 모든 믿음의 발걸음은 다음 세대에 남겨질 유산이다. 그리고 우리가 하는 기도는 우리가 죽은 뒤에도 그들의 삶에 여전히 살아 있을 것이다.

오늘의 기도 전략 쥐고 있으면 결국은 잃고 베풀면 결국은 돌아온다.

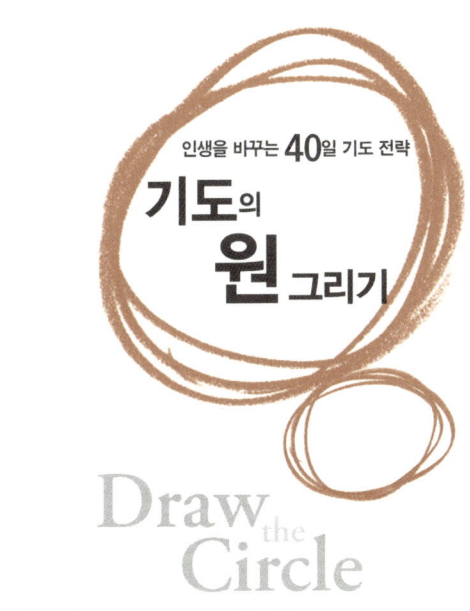

인생을 바꾸는 **40**일 기도 전략

기도의 원 그리기

Draw the Circle
The 40 Day Prayer Challenge

인생을 바꾸는 **40**일 기도 전략

Day 37

기도 계약

"무엇이든지 너희가 땅에서 매면 하늘에서도 매일 것이요"
(마 18:18)

십여 년 전의 어느 날, 캐피톨 힐에 있는 마약 밀매상 앞을 지나갈 때 하나님은 내게 그곳을 커피하우스로 만들고 싶다는 꿈을 넣어 주셨다. 당시 우리 교회는 돈도 없었고 교인도 적었기에 어찌 보면 얼토당토않은 생각에 불과했지만, 이스라엘 백성이 여리고 성을 돌듯이 교인들과 함께 그곳을 돌며 하나님께 기도했다. 그렇게 장장 5년이라는 시간 동안 우리는 수없이 그 건물에 손을 대고 기도했고 만 번 이상을 돌며 기도를 올렸다.

처음에 건물 주인이 요구한 금액은 백만 달러였다. 그러나 우리가 기도하면 할수록 그 금액은 점차 내려갔고 마침내 우리는 그 건물을 삼십이만 오천 달러에 살 수 있었다. 하지만 그보다 놀라운 건 우리보다 높은 금액을 제시한 구매자가 네 명이나 더 있었고 그중 두 명은 부동산 개발업자였다는 사실이다.

그럼 어떻게 그 건물이 우리 손에 들어올 수 있었을까? 나는 마태복음 18장 18절만이 그 대답이라고 생각한다.

"무엇이든지 너희가 땅에서 매면 하늘에서도 매일 것이요."

우리의 기도는 바로 그 약속에 연결되어 있었다. 우리는 그 계획이 정말로 하나님이 주신 것임을 철석같이 믿었다. 예수님이 우물가에서 진리를 전하셨던 것처럼, 우리 역시 교회와 지역사회가 만나는 곳에 포스트모던 우물을 만들고 싶었다 고대 사회에서 우물은 사람들이 만나는 사교의 장소로 활용되었음. 우리가 사려는 땅은 유니언 역에서 한 블록 떨어져 있고 대각선으로 증권거래 위원회가 있으며 유구한 역사를 자랑하는 캐피톨 힐의 심장부와 같은 곳이었다. 그래서 그곳이 우리 약속의 땅이 된 것이다.

'매다'라는 단어에는 법률적인 의미로 '무언가에 계약을 걸다'라는 뜻이 담겨 있다. 우리 교회가 하나님의 뜻 안에서 기도했을 때 바로 그와 같은 일이 일어났다. 우리 기도는 영적인 세계에서 계약을 걸었고, 마침내 2002년 2월 7일에 그 땅의 소유권을 공식화하는 서류에 서명할 수 있었다 영적 서명은 사실상 그보다 몇 년을 앞서 했던 셈이다. 따라서 소유권 이전 계약일은 우리가 그 땅을 처음으로 돌며 기도했던 날이라고 말할 수 있다.

온전한 권위

이 책에서 여러 차례 언급했던 한 가지 진리를 덤으로 또다시 강조하겠다. 기도의 목적은 우리가 원하는 걸 갖는 게 아니다. 하나님이 원하시는 게 무엇인지, 하나님의 뜻이 무엇인지를 깨닫는 게 기도의 목적이다. 당신의 기도가 하나님의 뜻 안에 있다면 그 기도는 만유의 왕과 그분 왕국의 전적인 후원을 받고 있다는 걸 명심하라.

A. W. 토저는 이렇게 말했다. "하나님을 생각할 때 가장 먼저 떠오르는 생각이 우리에 대한 가장 중요한 것을 말해 준다." 주33) 자, 그럼 질문 하나를 해 보겠다. 당신은 하나님을 생각할 때 가장 먼저 어떤 모습이 떠오르는가? 나 개인적으로는 어깨에 어린 양을 메고 있는 예수님의 모습이 떠오른다. 그 그림이 우리 할아버지의 집에 걸려있기 때문이다. 하지만 대부분의 사람들은 예수님이 십자가에 달린 모습이 제일 먼저 떠오른다고 한다. 그 끔찍한 십자가가 진정

---

33. Tozer, Knowledge of the Holy, 1.

한 사랑을 보여 주는 적나라한 모습임에는 틀림이 없다. 하지만 불경스럽게 들릴지 몰라도 내 생각에는 조금 문제가 있어 보인다. 우리는 십자가에 달린 예수님을 향해 기도하는 것이 아니다. 예수님은 지금 보좌에 앉아 계시고 이 세상은 그분의 발등상이다. 그래서 모든 권위와 권세가 온전히 그분의 것이다. 당신이 그분의 소유라면 그분의 권세도 당신의 소유인 것이다.

우리는 하나님의 자녀이기 때문에 어마어마한 권세와 권위를 갖고 있다. 그럼에도 그걸 얕보고 경시하는 경향이 있다. 높고 영화로우신 하나님을 보았던 이사야처럼 우리도 하나님을 제대로 보아야 한다.

그런 면에서 토저의 말은 새겨들어야 한다고 생각한다. 그는 하나님을 낮추어 보는 관점이 수많은 악의 원인이고 하나님을 올바로 보는 관점이 수많은 문제의 해결책이라고 했다.[주34)] 그리스도인의 가장 큰 문제는 하나님을 너무 얕잡아 보는 것이다. 하나님은 우리의 가장 큰 문제보다도 크신 분이고 우리의 최고 지혜보다도 지혜로운 분이며 상상을 초월할 정도로 자비롭고, 능력 있고, 강인하고, 위대하신 분이다.

---

34. 같은 책, vii, 2.

목적이 아닌 과정

지금 돌이켜보면 우리 교회가 그 약속의 땅을 사는데 오랜 세월이 걸린 사실이 감사하게 느껴진다. 그토록 힘든 과정을 거친 것도 감사하다. 그로 인해 우리가 큰 꿈을 꾸게 되었고, 열심히 기도했고, 깊이 생각할 수 있었기 때문이다. 다시 덧붙이지만 그것이 기적이 필요한 일이 아니었다면 그건 기적이 아니었을 것이다.

그때의 경험을 통해 우리는 인간적 비행기를 어떻게 몰아야 하는지 배웠고 중보 기도를 통해 하나님과 비행하는 법을 배웠다. 믿음의 한계점까지 밀어붙이신 덕에 믿음의 근육도 더욱 튼튼해졌다. 이제 우리 교회는 더 크고 멋진 기적을 위해 기도함으로써 기적의 청지기가 되려고 노력할 것이다.

우리에게는 목적만이 목적이지만 하나님의 나라에서는 목적을 이루는 과정도 목적이다. 중요한 건 무엇을 하느냐가 아니라 그것을 하면서 우리가 어떤 사람이 되느냐이기 때문이다. 하나님을 위해 위대한 일을 하는 게 관건이 아니라 하나님이 우리 안에서 위대한 일을 하시는 게 관건이다.

예수님은 기도의 매는 속성을 설명하신 뒤에 기도의 능력을 다음과 같이 깨우쳐 주셨다.

"너희 중의 두 사람이 땅에서 합심하여 무엇이든지 구하면 하늘에 계신 내 아버지께서 그들을 위하여 이루게 하시리라 두세 사람이 내 이름으로 모인 곳에는 나도 그들 중에 있느니라" 마 18:19-20

원 그리기 기도에는 이중의 의미가 있는데, 그 하나는 특정한 것에 원을 그리며 기도한다는 뜻이다. 즉 우리가 커피하우스를 위해 기도했던 것처럼 구체적인 기도 제목에 원을 그리면서 기도하는 것을 말한다. 또 하나는 두세 사람이 모여서 기도할 때 그들이 기도의 원을 만들어 원 그리기 기도를 한다는 뜻이다. 그건 마치 두 배, 세 배로 원을 그리는 것과 마찬가지인 셈이다.

'매다'라는 말은 '같이 묶는다'는 의미로서 결혼 서약을 할 때 사용되는 단어와 같은 말이다. 두 사람이 한 몸이 되는 것처럼 두 사람이 합심해서 기도할 때 둘은 한 영이 된다.

여러 사람이 합심해서 기도하면 아주 놀라운 일이 일어난다. 믿음이 더해지는 게 아니라 곱해진다. 그렇다고 친구들하고 자동차 판매상에 가서 최신 모델 주변에 둘러서서 기도하라는 얘기가 아니다. 하나님의 뜻 안에서 그분의 영광을 위해 기도한다면 합심 기도는 그 기도의 공증을 받는 것이나 다름없다는 이야기다.

마지막으로, '매나'는 '사슬로 묶다'라는 의미를 깃고 있다. 성경에는 3천 개가 넘은 약속의 말씀들이 나오는데, 사도 바울은 그 모든 것이 그리스도 안에서 '예'가 된다고 했다고후 1:20. 가장 강력한 기도는 하나님의 약속에 사슬로 묶여 있다. 기도할 때에는 그저 머릿속에 생각나는 것만 기도하지 말고 성경 말씀을 놓고 기도하라. 하나님의 말씀은 절대로 헛되어 그분께 돌아가는 법이 없다사 55:11.

구약 시대에는 성경 말씀에 자신을 묶는다는 말을 문자 그대로 실천해서 성경 두루마리를 눈에 잘 띄는 곳에 놓아두거나 신체 일부에 붙여놓고 늘 기억하려고 노력했다. 하나님은 이스라엘 백성에게 "너는 또 그것을 네 손목에 매어 기호를 삼으며 네 미간에 붙여 표로 삼고"라고 말씀하셨다신 6:8.

암기를 통해 성경 말씀을 당신의 머릿속에 묶어 두라. 묵상을 통해 성경 말씀을 당신의 마음속에 묶어 두라. 기도를 통해 성경 말씀을 당신의 과거, 현재, 미래에 묶어 두라.

 **오늘의 기도 전략** 다른 사람과 합심해서 기도하는 것은 그 기도의 공증을 받는 것과 같다.

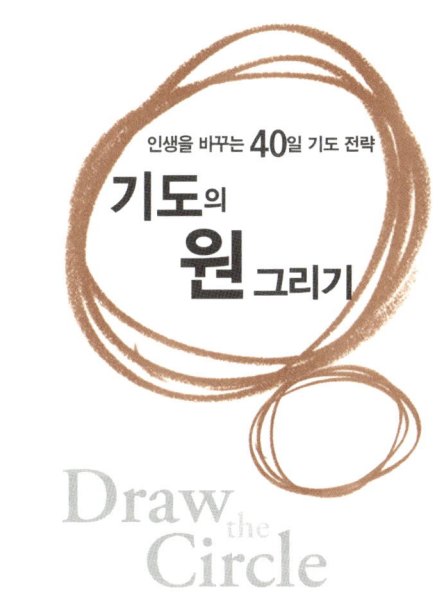

인생을 바꾸는 **40**일 기도 전략

기도의 원 그리기

Draw the Circle
The 40 Day Prayer Challenge

인생을 바꾸는 40일 기도 전략

Day 38

망루에 올라가라

"내가 내 파수하는 곳에 서며 성루에 서리라"
(합 2:1)

고대 사회에서 망루는 여러 가지 목적으로 사용되었다. 성벽 위에 있는 망루는 고대 도시들을 경비하는 붙박이 수호 체계였고, 목초지의 망루는 야생동물에게서 양 떼를 지키기 위한 목동들의 붙박이 경계 체계였고, 포도원의 망루는 도둑들을 잡아내기 위한 붙박이 감시 체계였다. 파수꾼들은 망루에 올라가서 자신의 자리에 앉아 지평선을 바라보며 적군이 나타나거나 대상들이 지나가는지를 살폈다. 가장 처음으로 보고, 가장 멀리 보는 사람들이 그들이었다. 기도를 하는 사람도 마찬가지다. 중보 기도자들은 파수꾼이다. 그들은 영적 세계에서 가장 빨리 보고 가장 멀리 보는 자들이다. 왜냐하면 기도가 그들에게 아주 특별한 시야를 열어 주기 때문이다.

나의 망루는 에벤에셀 커피하우스다. 나는 그곳 옥상에 올라가서 기도하기를 좋아한다. 기도의 응답인 건물의 제일 꼭대기에서 기도하는 것이기에 그렇다. 하나님이 기적을 베풀어 주신 장소인데 어찌 믿음의 기도가 나오지 않을 수 있겠는가.

갈멜 산에서 비가 오기를 간구했던 엘리야도 그런 심정이 아니었을까 싶다 왕상 18:42. 하나님은 바로 직전에 놀라운 응답을 해 주셨고, 바알 선지자 450명을 상대로 단판 승부를 벌여 승리를 거두게 하셨다 왕상 18:16-39. 그런데 불을 보내신 하나님이 비를 보내지 않을 이유가 뭐가 있단 말인가? 불을 보내신 기적은 엘리야에게 열심히 간구하는 데 필요한 믿음을 더해 주었다. 바로 그것이 기도 응답으로 생기는 부산물이다. 기도가 응답되면 우리는 하나님이 그보다 더 크고 굉장한 기적을 일으키실 거라는 믿음을 갖게 된다. 기도가 응답될 때마다 우리의 기도 동그라미는 점점 더 커진다. 하나님의 신실하신 응답이 우리의 믿음을 강화시키고 그분의 약속 이행이 우리의 호소를 더욱 끈질기게 만드는 까닭이다.

장소와 믿음은 연관성이 있다. 그래서 이스라엘 백성은 영적 의미가 있는 곳에 기념 제단을 세웠고, 회개의 시기에는 그 제단에 돌아가서 하나님과의 언약을 갱신하기도 했다.

내 생각에는 다윗이 골리앗을 죽인 장소에 한 번 이상 다녀왔을 것 같다. 아브라함도 하나님이 숫양을 보내신 모리아 산에 순례여행을 갔다 오지 않았을까? 베드로는 물 위를 걸었던 갈릴리 바다를 다시 한 번 노 저어가서 그의 믿음을 새롭게 했을 것이고, 사도 바울은 하나님이 눈을 멀게 한 다메섹 길에 자신의 제단을 만들었을 것이며, 삭개오는 예수님과 처음 대면했던 뽕나무 위를 손자들에게 올라가 보라고 했을 것이다.

  영적 의미가 담긴 장소를 돌아보는 것도 신앙생활의 한 부분이 되어야 한다. 나는 미네소타 주의 알렉산드리아에 있는 소 방목장을 가끔 찾아가곤 한다. 그곳에서 목회자의 사명을 받았기 때문이다. 기도하는 법을 배웠던 모교 예배실의 발코니와 하나님의 신실하심을 환기시키는 장소들도 이따금 방문해 본다.

  물론 그런 이유도 있지만 다른 이유 때문에도 우리가 기도하는 장소는 중요하다고 말할 수 있다. 이스라엘 백성은 진을 친 장소 밖에 회막을 만들어 놓았고, 예수님은 산이나 물가나 동산에서 기도하셨다. 우리도 아무런 방해를 받지 않는 곳, 기도에 집중할 수 있는 곳, 믿음이 강해지는 곳에서 기도해야 한다.

기도의 표적

어느 고대 번역본은 하박국 2장 1절을 "내가 내 파수하는 곳에 서며 원 안에 서리라"고 번역해 놓았다.[주35] 호니는 바로 이 말씀에 영감을 받아서 모래 위에 원을 그려 놓고 비를 내리게 해 달라고 기도했다. 그는 원 안에 들어가서 무릎을 꿇고 한 세대를 구할 기도를 시작했다.

만유의 주재 여호와여, 제가 당신의 위대한 이름 앞에 맹세하오니 당신의 자녀들에게 자비를 베풀기 전에는 절대 이 원을 나가지 않겠습니다.

호니는 그 안에서 죽을 각오를 하고 있었다.
다시 말하지만 원을 그리는 자체에 마법의 힘이 있는 건 아니다. 하지만 그건 매우 성경적인 행동이다. 살다 보면 하나님의 영역을 표시해야 할 때가 온다. 하나님이 마음에 주신 약속 안에서 원을 그리고, 그 안에 들어가 하나님이 응답하실 때까지 나오지 않겠다는 각오를 해야 한다. 다만 그 형태는 다양한 방법으로 나타날 수 있

---

35. The Book of Legends: Sefer Ha-Aggadah, ed. Hayim Nahman Bialik and Yehoshua Hana Ravnitzky (New York: Schoken, 1992), 202.

다. 여기에 몇 가지 사례를 소개해 보겠다.

얼마 전에 나는 뉴욕 퀸즈에 있는 크라이스트 태버내클 교회의 주중 기도회에 초청되어 말씀을 전했다. 이 교회는 브루클린 교회의 자교회로, 마이클과 마리아 더소Michael & Maria Durso 부부가 30년 전에 개척한 곳이다. 그들의 세 아들, 애덤과 조르단과 크리스도 그 교회에서 교역자로 섬기고 있다. 그들은 내가 만난 가족 중에 가장 기름부음이 넘치는 가족이었다. 그 기름부음은 기도의 능력을 보여 주는 증거이기도 하다. 왜냐하면 세 아들 모두 청소년기를 탕자로 보냈기 때문이다. 어떤 때에는 정말 구제불능의 상황처럼 보였지만 마이클과 마리아는 아들들에 대한 기도와 금식을 단념하지 않았다. 실제로 화살과 표적을 사서 그 위에 아들들의 이름을 적어 놓고 계속해서 아들들에게 중보 기도의 화살을 쏘았다고 한다. 그 표적은 아들들을 중보한다는 가시적인 기도의 동그라미였다. 수년에 걸친 그들의 기도는 여러 번 낙담을 맛보았지만, 결국에는 한 명씩 주님께로 돌아오는 쾌거를 이룩했다.

한 가지 각주를 달자면 마이클과 마리아도 이십 대에는 누구보다 하나님에게서 멀리 달아났던 탕자들이었다. 마약 복용은 일상이었고 종교는 아예 거들떠보지도 않던 그들이었지만, 휴가 중에 마리아가 성령의 역사로 죄를 뉘우치는 희한한 경험을 하게 되었다. 당시 마리아는 교회에 있었던 것도 아니고 설교를 듣고 있었던 것도 아니었으며 성경을 읽고 있었던 것도 아니었다. 그저 느닷없이 양심의 가책을 느껴 죄를 회개한 것이었다. 당시 마리가가 알지 못했던 것은 마리아와 마이클이 휴가를 떠나기 전에 그녀의 친구들 서른 명이 주님을 영접하고 구원을 받았다는 사실이었다. 마리아가 양심의 찔림을 받던 그 순간에 친구들이 모여서 그녀를 위해 중보기도를 하고 있었다고 한다.

또 한 가지 각주를 달자면 마이클과 마리아 부부가 오래전부터 청년회를 위해 기도했는데 그 청년회가 바로 코앞에 있었다는 사실이다. 그들은 바로 자신의 집에서 청년회 목사들을 키우고 있었다. 어느 날 하나님은 애덤에게 청년들이 줄지어 나이트클럽에 들어가듯이 줄지어 교회로 걸어 들어오는 환상을 보여 주셨다. 애덤은 청년회를 만들었고 지금은 크리스가 청년회를 이끌고 있다. 금요일 청년 예배 시간이 되면 교회 주변이 청년들로 에워싸인다고 한다.

원을 그리라

《써클 메이커》가 세상에 나온 이후로 성경 말씀에 원을 그리고 기도하거나 하나님이 주신 소원에 원을 그리며 기도한다는 이야기를 많이 들어왔다.

그중에서도 가장 큰 기도의 원을 들자면, 넥스트 레벨 교회를 목회하는 조쉬 가농 목사가 뉴잉글랜드의 6개 주를 자동차로 달리면서 3천km에 이르는 기도의 원을 그린 것이라고 할 수 있다. 내가 캐피톨 힐 일대의 7.5km를 걸으며 기도했다는 이야기를 읽은 뒤에, 조쉬 목사는 그들이 약속의 땅으로 삼고 있는 장소를 위해서 같은 방식으로 기도해야겠다는 생각이 들었다. 그래서 다른 교역자들과 함께 차를 몰고서 닷새에 걸쳐 기도와 찬송을 부르며 그곳을 한 바퀴 돌았는데, 그때의 감동적인 경험을 살려 해마다 신년이 되면 연례행사로 그 일을 반복한다고 한다.

내가 보기에 가장 독특했던 기도 행진은 바로 우리 교회 근처에서 했던 것이었다. 내가 지시한 것은 아니었고 그때 일을 자세히 이야기해 보겠다. 몇 명의 중보 기도자들이 꿈과 예언의 말씀을 통해 3천 권의 성경책을 워싱턴 D.C.를 에워싸고 있는 115km의 벨트웨이에 묻으라는 성령의 지시를 받았다. 그들은 성경책이 가득 든 배낭을 메고 삽으로 무장하고서 열흘에 걸쳐 그 지역을 다니며 마흔 걸음마다 성경책을 땅속에 묻었다. 여러 번 의구심이 들기는 했지만 주님은 계속해서 그것이 자신의 뜻임을 확인시켜 주셨다. 에스겔이 성스런 상징, 혹은 예언적 행동의 의미로 성을 에워쌌듯이 그들도 미국의 수도가 하나님의 것임을 선포하는 의미로 성경을 심었던 것이다겔 4:2.

우리는 계속해서 이런 기도를 드렸다. '하나님, 워싱턴 D.C.와 미국 땅을 부드럽게 개간하셔서 하나님의 말씀이 다시 한 번 깊숙이 심겨지게 하소서.' 성경책들이 워싱턴 D.C. 주변을 진리의 띠처럼 둘러칠 것을 믿었기에, 우리는 스가랴 2장 5절 말씀대로 하나님이 예루살렘 주변의 불의 성곽이 되며 그 가운데에 그분의 영광이 나타나게 해 달라고 기도했다. 그리고 무엇보다 우리가 원을 그리는 이 도시가 하나님 자신을 위해 성령을 쏟아 부으시는 표적이 되게 해 달라고 기도했다.

한 번 더 강조하지만 원을 그리는 것 자체는 아무런 신비한 힘도 없다. 원형으로 돌면서 기도하든, 그냥 마음속으로 기도하든 그건 아무 상관이 없다. 또한 그 형태가 원형이든, 타원형이든, 네모형이든, 마름모꼴이든 아무 상관이 없다. 중요한 건 형태와 모양이 아니라 성령께서 기도 행진을 지시하셨는가 하는 점이다. 성령께서 지시하신 일이라면 우리는 믿음의 발걸음을 내디디며 하나님의 영역을 표시하면 되는 것이다.

오늘의 기도 전략

영적 의미가 있는 장소로 돌아가는 것은 앞으로의 길을 찾는 데 도움을 준다.

인생을 바꾸는 **40**일 기도 전략

Day 39

거룩한 땅

"네가 선 곳은 거룩한 땅이니 네 발에서
신을 벗으라"
(출 3:5)

　　세실 리처드슨 대령은 미국 공군에서 군목으로 복무하다가 퇴역한 사람이다. 언젠가 그가 워싱턴 D.C.에 주둔하고 있었을 때, 우리 자교회의 남선교회 헌신예배에서 설교한 적이 있었다. 대령이었던 그는 통수체계를 누구보다 잘 아는 사람이었기에 성령님의 행군 명령이 떨어지면 곧장 거수경례를 한 뒤 그 명령을 실행에 옮겼다.

　　그런데 어느 토요일 아침에 바로 그와 같은 일이 일어났다. 새벽 5시 반에 잠이 깬 그는 느닷없이 새 안경을 맞추고 싶은 마음이 들었다. 오래전부터 아내가 새로 안경을 맞추라고 권했어도 들은 척만 척했던 그인데, 이상하게 그날은 새벽부터 다짜고짜 그런 생각이 든 것이다. 물론 문제는 그런 이른 시간에 문을 여는 안경원이 없다는 것이었다. 할 수 없이 리처드슨 대령은 데니스 식당으로 가서 천천히 아침 식사를 한 뒤에 근처의 안경원이 문을 열자마자 가게 안으로 들어갔다.

그런데 문을 열고 안으로 들어가는 순간, 왠지 매장에 있는 주인 여자에게 자신이 군목이었다는 사실을 밝혀야 할 것만 같았다. 처음에는 군인 할인을 받으려는 것 같아 그런 생각을 무시하고 싶었지만 그래도 알려야 한다는 생각이 강해지자 그는 성령의 명령에 거수경례를 하고서 짧게 "저는 군목입니다"라고 말했다. 그런데 놀라운 건 그 말은 듣는 순간 그 여인이 보인 반응이었다. 금세 두 눈에 눈물이 그렁그렁해지더니 그를 바라보며 이렇게 말하는 것이었다.

제 남편도 군인인데 지금 해외파병을 받아 외국에서 복무하고 있어요. 그런데 얼마 전에 제가 암에 걸렸다는 걸 알게 되었답니다. 도무지 무엇을 어찌해야 좋을지 알 수가 없어서 어제 친구랑 같이 군목이신 분을 보내달라고 기도했어요. 그런데 여기 이렇게 오셨네요.

이럴 때 우리는 소름이 돋는다. 그러면서 하나님이 우리 삶의 세세한 것까지 얼마나 자상하게 챙겨주시는가를 새삼 깨달으며 뭉클하게 된다. 그리고 우리가 거룩한 곳에 서 있다는 걸 알고 신발을 벗게 된다.

그 장소

양치기를 생각해 보라.

이 세상에서 양을 치는 일처럼 단조롭고 지루한 일이 또 있을까? 그런데 모세는 그 일을 40년 동안이나 했다. 아마 하나님이 자신을 목초지로 쫓아버렸다고 느꼈을 것이다. 한때는 노예살이 하는 이스라엘 백성의 구원자를 꿈꾸었건만, 애굽인 노예 감독을 쳐 죽인 뒤에 그 꿈은 물거품이 되어 오히려 자신이 도망자 신세로 전락하고 말았다. 그 후 40년간을 모세는 사막 한구석에서 영적 망명자로 살아갔다.

그러던 어느 날, 하나님이 불타는 떨기나무 사이에서 그에게 나타나셨다. 나는 이런 상상을 해 본다. 그 날 아침에 잠에서 깬 모세는 신발을 신고 지팡이를 손에 들고서 오늘도 평소와 다를 게 없는, 그저 여느 날과 똑같은 하루가 될 것으로 생각했을 것이다. 그러나 잊지 마라. 하나님이 어느 순간, 어떤 방식으로 우리에게 나타나서 역사하실지는 아무도 모른다.

　유대인 학자들은 하나님이 왜 하필 불타는 떨기나무에서 나타나셨는가를 논란거리로 삼아왔다. 천둥이나 번개를 보내셨다면 모세의 시선을 끌기에 더 효과적이지 않았을까? 게다가 하필 왜 인적도 없는 황량한 사막에서 나타나셨을까? 애굽의 궁전이나 피라미드가 더 좋지 않았을까?

　학자들은 마침내 하나님이 불타는 떨기나무에서 나타나신 이유는 한 가지밖에 없다는 결론을 내렸다. 이 세상에 하나님이 계시지 않는 곳은 한 군데도 없다는 것, 심지어 사막의 한구석에 있는 떨기나무 사이에도 계시다는 것을 보여 주기 위함이라는 것이다. 그래서 그들은 하나님께 '그 장소'라는 이름을 붙여드렸다. 나는 그 이름이 정말 마음에 든다. 하나님은 여기든 저기든 어느 곳에나 계신다. 따라서 우리가 어디에 있는가는 아무런 문제가 되지 않는다. 하나님은 우리가 있는 바로 그 장소에서 우리를 만나주실 것이다.

　몇 해 전에 켄 가웁Ken Gaub이라는 사람의 기도 간증을 듣게 되었다. 그것은 내가 여태껏 들은 것 중에 가장 놀랍고도 신기한 간증이었다. 가족을 차에 태우고 오하이오 주 데이톤 부근의 I-75 고속도로를 달리던 켄은 한 식당에 들어가기 위해 차를 멈추었다고 한다. 차에서 내린 아내와 아이들은 곧바로 식당에 들어갔고 그는

다리 운동을 조금 하다가 주유소 앞을 지나서 식당을 향해 걸어가고 있었다. 그런데 바로 그때 옆에 있는 공중전화 박스에서 전화벨이 울리는 소리가 들렸다. 시간이 지나도 그치지 않고 계속 울리는 것을 본 켄은 응급 전화일지도 모른다는 생각에 공중전화 박스로 들어가서 수화기를 들고 '여보세요'라고 응답을 했다. 그러자 "켄 가움 씨에게 온 장거리 전화입니다"라는 전화 교환원의 말소리가 들려왔다. 순간 켄은 너무 놀라서 하마터면 전화기를 떨어뜨릴 뻔했다.

"지금 절 놀리시는 겁니까? 나는 그냥 여기를 걸어가다가 이 전화가 울려서 받은 것뿐이라고요."

그 말에 어리둥절해진 전화 교환원은 "켄 가움 씨가 거기 없다는 말입니까?"라고 물었고, 켄은 혹시 주변에 몰래카메라가 숨겨진 건 아닌지 확인한 후 "제가 켄 가움이 맞습니다"라고 대답했다.

얼마 후 수화기에서 다른 목소리가 들려왔다.

"가움 씨, 저는 펜실베이니아 주 해리스버그에 사는 밀리라는 여성입니다. 저를 모르시겠지만 가움 씨의 도움이 필요해서 전화 드렸어요."

밀리는 자신이 유서를 쓰고 자살을 하려고 했지만 죽기 전에 한 번 더 기도라도 해보자는 심정으로 "하나님, 저는 진짜 이러고 싶지 않습니다"라고 기도를 했다고 한다. 그런데 그때 텔레비전에서 켄 가웁이라는 상담가를 본 기억이 머리를 스쳤다. 그리고 '그분과 이야기를 한다면 그분은 분명 나를 도와줄 수 있을 거야'라는 생각이 들었다고 한다. 하지만 당시는 구글이 생겨나기 전이었고 켄 가웁의 소재를 알아낸다는 건 불가능에 가까운 일이었다. 밀리가 계속 기도를 하고 있을 때, 머릿속에 어떤 전화번호가 떠올라서 즉시 그 번호를 종이에 적었다. 그러면서 '하나님이 내게 가웁 씨의 전화번호를 알려주는 거라면 이보다 좋은 일이 어디 있을까?'라는 생각을 했다고 한다. 밀리는 켄에게 "결국은 이 번호로 전화를 한번 해 보자고 시도를 했지만, 진짜로 교환원이 가웁 씨를 바꿔준다고 했을 때 도저히 믿을 수가 없었어요"라고 말했다.

그리고는 켄을 향해 "지금 상담 사무실에 계신가요?"라고 물었다. 켄이 아니라고 하자 밀리는 놀란 듯이 소리를 지르며 "그럼 어디에 계세요?"라고 재차 물었다. 그 말에 켄은 "지금 당신이 저한테 전화한 거잖아요"라고 하자 "저는 제가 어느 지역에 전화하는 건지도 몰랐어요. 그냥 종이에 적힌 전화번호로 전화한 거예요"라는 대답이 돌아왔다. 켄이 밀리를 향해 말했다. "당신은 믿지 못하겠지만 나는 지금 오하이오 주 데이톤 도로에 있는 공중전화 박스 안에 있어요."

"거기서 무얼 하시는데요?"라는 밀리의 질문에 켄은 "공중전화를 받고 있지요."라고 대꾸했다.

켄은 이 간증의 마지막에 다음과 같은 말을 덧붙였다.

공중전화 박스를 나오는 순간 우리 하나님 아버지가 자녀들 한 사람 한 사람을 얼마나 세심히 보살피시느냐는 생각에 전율이 일어났다. 대체 이 얼마나 불가사의한 일이란 말인가? 그 많은 전화번호와 그 많은 번호의 조합 속에서 전지전능한 하나님만이 바로 그 시각에, 바로 그 공중전화의 번호를 그 여인에게 알려 주실 수 있지 않겠는가?주36)

전화를 끊고 식당으로 들어간 켄은 가족들 곁에 앉아서도 여전히 벌어진 입을 다물지 못했다. 그리고는 옆에 앉은 아내를 향해 말했다.

믿기지 않겠지만, 하나님은 지금 내가 어디에 있는지를 정확히 알고 계셔.

---

36. Kenneth Gaub, God's Got Your Number: When You Least Expect It, He Is There! (Green Forest, Ark.: New Leaf, 1998), 1장; "God Know Where You Are," www.2jesus.org/inspstories/where.html (2012년 7월 2일 접속).

신을 벗으라

성경에는 신을 벗으라는 이상한 명령이 딱 두 번 등장한다. 첫 번째는 이스라엘 백성을 애굽에서 구출하기 전에 하나님이 광야에서 모세에게 신을 벗으라고 명령하셨고, 두 번째는 여리고 성을 점령하기 전에 여호수아에게 신을 벗으라고 말씀하셨다. 여호수아는 모세의 수종자였기 때문에 아마도 불타는 떨기나무 이야기를 여러 번 들었을 것이다. 그러나 누구도 다른 사람의 체험이나 영성에 기대어 살아갈 수는 없다. 우리에게는 자신의 신앙체험, 자신의 간증이 필요하다.

그럼 하나님은 왜 그들에게 신발을 벗으라고 요구하셨을까?

나는 신발을 벗는 행위가 겸손과 경배를 상징하는 것이라서 그런 게 아닐까 추측해 본다. 즉, 하나님에 대한 전적인 신뢰를 표현하는 동시에 하나님과 모세, 하나님과 여호수아 사이에 있는 어떤 장애물도 제거한다는 뜻이었을 것이다.

사족을 붙이자면 나는 글을 쓸 때마다 신발을 벗는 습관이 있다. 내게 하나님의 기름 부으심이 필요하다는 것과 글쓰기가 나의 신성한 사명임을 상기하기 위해서다.

마지막으로 누구나 알고 있는 - 너무 뻔해서 쉽게 지나치는 - 사실 한 가지를 언급하고 마무리하겠다. 하나님이 말씀하신 '거룩한 땅'은 약속의 땅 가나안을 의미한 게 아니었다. 그 당시 모세가 서 있었던 땅을 의미했다. 당신도 약속의 땅에 들어가서 하나님을 경배하겠다고 생각하지 마라. 그곳에 이르기 전에도 그분을 경배해야 한다.

지금 이곳이 거룩한 땅이다. 지금 이 순간이 거룩한 순간이다.

바로 여기, 바로 지금.

당신의 신발을 벗어라.

오늘의 기도 전략 기도의 목적은 하나님께 명령을 내리는 게 아니라 하나님으로부터 명령을 받는 것이다.

인생을 바꾸는 **40**일 기도 전략

기도의 원 그리기

Draw the Circle
The 40 Day Prayer Challenge

인생을 바꾸는 **40**일 기도 전략

Day 40

기도를 배워라

"주여 우리에게도 (기도를) 가르쳐 주옵소서"
(눅 11:1)

나는 지난해 부활절에 전국의 종교 지도자들 2백여 명과 함께 백악관에서 열린 부활절 조찬 기도회에 참석했다. 식사하기 전에 마틴 루터 킹 목사와 같이 인권 운동을 주도했던 일흔여섯 살의 흑인 목사님이 식사 기도를 하게 되었다. 통상적인 식사 감사 기도를 예상했던 나는 그분의 기도를 듣는 순간 깜짝 놀라고 말았다. 보통은 음식이 식을까 봐 짧고 간단하게 식사 기도를 하기 마련이라서 그분의 기도가 내 기도 생활 전체를 뒤흔들어 놓으리라고는 전혀 생각을 못 하고 있었다.

완숙의 경지에 오른 그 성자는 얼마나 하나님 아버지께 친밀한 말투로 기도하는지 나 자신이 마치 하나님을 전혀 모르는 사람처럼 느껴졌고, 그가 하나님을 아는 방식으로 나도 그분을 알고 싶다는 갈망이 일어날 정도였다. 또한 얼마나 권위 있게 기도를 하던지 방금 하나님 보좌에 있다가 물러 나온 사람 같았다. 그의 기도가 하나님의 신실하심에 잘 튀겨낸 요리라고 하면 나의 기도는 밍밍하고 맛없는 소스였다.

아멘으로 모든 기도가 끝났을 때 나는 옆에 있는 앤디 스탠리 목사와 루이 기글리오 목사를 바라보며 말했다. "지금까지 내 기도는 기도도 아니었던 것처럼 느껴지네요."

예수님이 기도하는 소리를 들었을 때 제자들이 느꼈던 심정도 그와 똑같지 않았을까 하는 생각이 든다. 그래서 예수님을 보고 "주여 우리에게 기도를 가르쳐 주소서"라고 요청했던 게 아니었을까? 예수님의 기도는 차원 자체가 달라서 제자들의 기도는 전혀 기도 같이 생각되지도 않았을 것이다.

그럼 제자들이 요청하지 않았던 게 무엇인지를 생각해 보라. 그들은 "주여 우리에게 설교하는 법을 가르쳐 주소서"라고 하지 않았다. "지도하는 법을 가르쳐 주소서"라든가 "제자 삼는 법을 가르쳐 주소서"라는 부탁도 하지 않았다. 그런 것들도 모두 귀한 일인데 그들은 그저 한 가지만 요구했다. "주여, 우리에게 기도를 가르쳐 주소서."

기도를 바꾸면 모든 것이 바뀐다. 일하는 게 바뀌고, 자녀를 양육하는 게 바뀌고, 지도하는 게 바뀌고, 우선순위와 전략이 바뀌고, 생각과 느낌과 언행이 바뀐다. 기도는 모든 것을 내면에서부터 바꿔 놓는다.

새로운 언어

누군가 기도에 대한 책을 쓰면 사람들은 그가 기도의 전문가인 줄로 안다. 하지만 솔직히 말해서 나는 아는 것보다 모르는 게 더 많다. 마치 기도 유치원에 갓 입학한 어린애 같다. 나는 여전히 배움에 굶주려 있다.

'기도'라는 단어는 보통 죄책감이라는 감정을 불러일으킨다. 충분히 기도를 못 한다는 것과 무엇을 기도해야 할지 모른다는 것이 그 이유다. 나는 지금까지 너무 많이 기도해서 고민이라거나 능력 있게 기도한다고 말하는 사람을 본 적이 없다. 모두가 자신은 기도가 부족하다고 말했다. 그러나 기도는 죄책감 대신에 설렘과 기대감을 자아내야 한다. 전능한 하나님 앞에 무릎을 꿇는 것만큼 강력한 무기는 없기 때문이다.

나의 기도 타율도 다른 사람과 하등 나을 것이 없지만 그래도 나는 기도 타석에 들어가 또다시 기도의 배트를 휘두른다. 그러지 않으면 어떻게 공 하나라도 맞출 수 있겠는가? 오랫동안 기도의 배트를 휘두르다 보면 홈런도 약간은 나올 것이고 타점도 높아질 것이다. 스트라이크 아웃당할 염려는 붙들어 매 놓고 일단은 배트를 휘두르기 바란다.

과거의 실패에 연연하거나 현재의 문제에 주눅이 들면 안 된다. 예수님의 제자들처럼 도와달라고 요청하면 그분이 가르쳐주실 것이다. 그들의 단순한 요청이 당신의 입버릇이 되게 하라. "주여, 저에게 기도를 가르쳐 주소서."

당신이 얼마나 많이 아는가는 중요하지 않다. 배우려는 마음이 있는지, 변화될 각오가 되어 있는지가 중요하다. 지혜란 자신이 모른다는 사실을 아는 것이다. 그러니 바로 그 지점에서 출발해 하나님께 가르쳐달라고 간구하라.

예전에 나는 한동안 나의 기도생활에 회의와 낙담을 느꼈던 적이 있다. 어휘력이 달려서 같은 말만 되풀이하다 보니 기도가 너무 따분하고 상투적이라는 생각이 들었다. 예배도 마찬가지였다. 교회 스크린에 아무런 가사도 나타나지 않으면 나 역시 노래할 것이 아무것도 없어졌다.

그러다 보니 찬송가 가사가 문구점에서 파는 카드 같다는 생각이 들었다. 카드 안에 인쇄된 글이 마음에는 들지만 그긴 분명 내가 쓴 글이 아닌 다른 사람이 쓴 글이다. 배우자에게 그런 카드만 보내고 단 한 번도 자기 말로 사랑한다고 말하지 않는 사람을 상상할 수 있겠는가? 그럼에도 우리는 하나님께 그런 식으로 하고 있다. 남이 쓴 가사로만 하나님을 예배한다는 건 절대 충분하지 못한 일이다.

올해 내가 가장 감동한 예배 가운데 하나는 에티오피아에서 드렸던 예배였다. 영어와 암하라어로 진행된 예배였는데, 영어 예배도 좋지만 암하라어로 드린 예배는 그야말로 혁명이었다. 무슨 소리인지 하나도 알아들을 수 없어 더는 다른 사람의 말에 의존할 수가 없었다. 그래서 어쩔 수 없이 성령과 진리로 하나님을 예배했다. 나 스스로 가사를 지어서 찬송을 부르기도 했다. 때로는 찬송 가사가 하나님에 대한 예배를 방해하기도 한다. 그 이유는 다른 사람이 우리를 대신해 묵상한 내용이라서 그렇다. 하나님은 우리의 음성과 우리의 말과 우리의 찬양을 듣기 원하신다.

어느 날 내가 무릎을 꿇고서 기도를 잘하게 해 달라고 기도하고 있을 때 성령께서 부드러우면서도 장난기 어린 질문을 던지셨다.

너는 그게 쉽다고 생각하니?

영적 언어를 배우는 것은 스페인어나 프랑스어, 독일어를 배우는 것과 같다. 단 몇 시간 만에 유창해지지 않는다. 기도 언어를 배우는 것은 외국어를 배우는 것만큼이나 힘들고 찬미의 어휘를 늘리는 것은 다른 언어의 동사 변형을 배우는 것만큼이나 어려운 일이다.

내가 좋아하는 유머가 있다. 어느 날 할아버지가 어린 손녀의 방을 지나가다가 손녀가 알파벳으로 기도하는 소리를 들었다. 말 그대로, "하나님, 에이, 비, 씨, 디, 이, 에프, 지 …… 제트"까지 읊은 뒤에 "아멘"으로 기도를 끝내는 것이었다. 궁금해진 할아버지가 "얘야, 왜 그렇게 기도했니?"라고 묻자 손녀는 이렇게 대답했다. "무슨 말로 기도할지 몰라서 그랬어요. 하나님께 글자를 하나씩 말해드리면 알아서 좋은 말을 만드실 거 아니에요."

나도 그러고 싶을 때가 있다. 대체 무슨 말로 기도해야 할지 감이 잡히지 않을 때가 있다. 하지만 그래도 괜찮다. 기도의 일차적인 목표는 무엇을 기도할지를 기도하는 것이다. 기도는 우리의 요구사항을 하나님께 아뢰는 시간이 아니다. 하나님 앞에 나아가서 그분의 요구사항을 받아오는 시간이다.

도무지 기도할 말이 떠오르지 않거나 기도가 막혔다고 생각하면 성경으로 돌아가기를 바란다. 성경을 펼치고 읽다 보면 하나님이 할 말을 떠오르게 하실 것이다. 그때 성경 읽기를 멈추고 기도를 시작하라. 성경에 적혀 있는 단어와 말과 표현들이 당신의 영 안으로

뛰어들 것이다. 그것을 기도의 제목으로 삼아라. 하지만 성경을 통독하려는 성급한 마음에 수박 겉핥기로 말씀을 대하는 일은 없어야 한다.

기도가 만들어내는 차이

로스 힐Ross Hill은 오클라호마 시티에서 뱅크투Bank2라는 주민 소유 은행을 경영하고 있는 기업인인데, 내가 본 중에 손에 꼽을 만큼 주님께 헌신된 사람이다. 그에게는 은행이 그의 강대상이고 고객이 그의 교인들이며 사업은 그의 사역이다. 그는 사업과 사역 모두에 유능한 사람이다.

뱅크투 은행이 문을 열었을 때 경영진들은 문자 그대로 은행의 문들에 기름을 바르고 그곳에 드나들 모든 사람을 위해 기도했다. 이사회 모임은 언제나 기도로 시작했고 새로운 직원을 채용할 때에도 늘 기도를 드렸다. 로스 은행장이 자기 사무실에서 직원이나 고객들과 함께 기도를 드리는 모습도 심심치 않게 볼 수 있는 풍경이었다. 한 마디로 기도는 그 은행이 하는 모든 일의 기반이라고 할 수 있었다.

하지만 그런 은행도 재정 위기를 피해갈 수 없었다. 2008년에 뱅크투는 사기를 당해서 큰 손실을 맛봐야 했다. 정확히 말하자면 로스의 35년 은행 경력에서 생긴 손실액을 다 합쳐도 모자랄 만큼의 어마어마한 액수였다. 그래도 로스는 "우리 기도합시다!"라고 말했고 하나님은 그 기도에 응답하셨다. 바로 그다음 해에 아메리칸 뱅킹 저널American Banking Journal은 뱅크투를 미국 내 최고의 지역 은행으로 선정했고, 10년이 지난 뒤에는 대출액이 무려 10억 달러에 달하는 굴지의 은행으로 성장했다.

당신이 무슨 일을 하는가는 중요하지 않다. 기도는 당신이 하는 사업과 훈련과 일의 열쇠다. 하나님의 기름 부으심은 목사들에게만 한정된 게 아니다. 하나님의 은혜는 누구나 받을 수 있다. 당신이 기업가라면 혁신적인 아이디어가 필요할 것이고, 의사라면 병을 진단할 수 있는 능력이 필요할 것이고, 정치가라면 올바로 결정을 내릴 지혜가 필요할 것이고, 예술인이라면 공연을 잘해낼 카리스마가 필요할 것이다. 이 모든 것은 성령의 임재로 인해 가능한 일이다.

노래를 만들든지, 법을 제정하든지, 부동산을 사고팔든지, 학생을 가르치든지, 디자인을 하든지, 가게를 운영하든지, 무슨 일을 하든지 간에 기도는 모든 창조적 과정의 필수적인 부분이다. 단지 머리만 굴리지 말고 기도를 굴려라. 당신의 교실과 사무실과 침실과 법정과 회의장을 기도의 방으로 만들라.

기도는 인간적 만남과 하나님이 주도한 만남의 차이를 만들어 낸다. 기도는 훌륭한 아이디어와 하나님이 주신 아이디어의 차이를 만들어 낸다. 기도는 어쩌다 걸린 행운과 하나님의 은혜의 차이를 만들어 낸다. 기도는 닫힌 문과 열린 문의 차이를 만들어 낸다. 기도는 가능과 불가능의 차이를 만들어 낸다. 기도는 우리가 할 수 있는 최선과 하나님이 하실 수 있는 최선의 차이를 만들어 낸다.

기도는 우리가 할 수 있는 최선과 하나님이 하실 수 있는 최선의 차이를 만들어 낸다.